近衛前久が謀った

真相「本能寺の変」

濵田昭生

近衛前久が謀《はか》った
真相「本能寺の変」

濱田昭生

はじめに

「本能寺の変」とは、一五八二年六月二日（新暦…七月一日）の明け方、京都・本能寺で、天下統一を目前にした織田信長が、家臣・明智光秀の謀反《むほん》によって討ち取られた、歴史上、比類なき大事変をいう。

その本能寺で戦う信長と光秀軍兵の迫真ある活劇ストーリーは、信長関連史書の中でも信《しん》憑性《ぴょうせい》が高く超一級の書だと評されている『信長公記《しんちょうこうき》』に、概《おおむ》ね記されている。

ところでこの『信長公記』の著者である信長の家臣・太田牛一は、現場・本能寺にいなかったのだが、後刻、本能寺から逃げ延びた女などに話を聞いて書したという点から、この話は真実だと受け止められている。

しかしながらその『信長公記』でさえ、光秀がこの「本能寺の変」を企図した事由として、

「『信長を討ち果たして、天下の主《あるじ》となろう』と謀《はかりごと》を企てた」と簡単に記しているだけで（九州在住のフロイスも『フロイス日本史』に同趣意を記述）、その具体的な光秀の動機などは一言も述べられていないのである。

だから光秀が、何ゆえにそのような大それた事件を引き起したのかがよく判らず、結局は謎が謎を呼んでいるのがこの事変だと言えよう。

よって今日まで、その光秀が起した謀反の真の事由などを求め、「本能寺の変」の真相については百花繚乱《りょうらん》、喧々諤々《けんけんがくがく》と、さまざまな意見や解釈などが入り乱れ取沙汰されてきた。これは周知の事実である。

そしてその事由は、出尽くした観もある。つまり歴史研究者は、光秀の怨恨《えんこん》説に野望説、光秀の絶望説、光秀の秀吉に対する武門の意地説であるとか、はたまた光秀を暗に唆《そそのか》した人物（黒幕説）として、家康、秀吉、将軍・足利義昭、正親町《おおぎまち》天皇、誠仁《まさひと》親王、宮中の意を受けた近衛前久《このえさきひさ》、一向宗・教如、キリシタン宣教師など、ほとんどの人の名を挙げもする。

とはいえ、光秀の動機や心境もさりながら、一万三千人の軍兵を擁《よう》した明晰《めいせき》、明敏な光秀の当日の行動を分析するに、あまりにも不可解な点が多く見受けられるのだ。その行動とは、謀反を企て天下を乗っ取ろうとした者としての常識的に理解し得ない内容なのである。その主なものを掲げると次の通り。

イ．光秀新政権が確立し安定するまでの間、光秀はこの本能寺の出来事が各地の信長陣営などへ伝播《でんぱ》しないよう、即ち「本能寺の変」を引き起す直前から、主な街道の京都出口を封鎖しておく必要があったのではないか……。

だが、光秀は、どうして街道を封鎖しなかったのか？

ロ．信長を討ち取ったとて、近くの妙覚寺にいる信長嫡男《ちゃくなん》で織田家の当主・信忠二六歳を取り逃がせば、いずれ信忠率いる織田の大軍に光秀は攻め滅ぼされてしまう、と考える。そうすると、光秀は本能寺と妙覚寺を同時に包囲して二人を始末する必要があったのではないか……。

だが、光秀は、どうして妙覚寺も同時に包囲しなかったのか？

ハ．大軍擁する光秀は、ほとんど守る兵もいない信長一人を討ち取ってその生首を獄門に曝《さら》すことなど、難なく、いともた易い……、と考える。

だが、光秀は、どうして信長の身柄すらも確保できなかったのか？

ニ．光秀が天下を目指すとすれば、信長を討ち取った直後、一気に政権を樹立して畿内を制圧することや織田の残党を追討する為にも、逸早《いち》く参内《さんだい》した上で天皇綸旨《りんじ》を得、そして「天下に号令する」必要があったのではないか……。

だが、光秀は、どうして参内せず、また政権構想などを打ち上げることもなく、しかも最も重要な「天下への号令」すらも発しなかったのか？

つまり、こうした光秀の理解し難い計画性の全く見えない不可解な行動などから、「本能寺の変」とは、ひょっとして「光秀が本当に謀反を企て天下を乗っ取ろうとした事変であったのか？」と、「光秀が企てた謀反」と断じる既定の歴史認識（聖域？）そのものに、筆者は根源的な疑問や疑念を抱いたわけである。

◇◇◇◇◇

然《しか》るに、もし我々が光秀に成り代わって、謀反を企て天下を乗っ取ろうとするならば、どのような計略、策略を立案しようか。当然のことながら右記イ．～ニ．の項目などは、少なくとも前もって考慮し、必ず対応や対策を十二分に講じておかなければならない不可欠なものと知悉《ちしつ》する。

それではそのような必須のことまで、聡明な光秀の眼中になかった「本能寺の変」とは、一体どういうものだったのか。まさか企てられたという謀反が、実は光秀の「一時《いっとき》の思い付き」だけで引き起された「無計画な事変」であった、というものなのか。加えて、右記イ．～ニ．の項目も、実質的な議論がなされていない歴史研究などを考え合わせると、いやもう何が何だか混乱しよう。

すると「本能寺の変」とは、光秀が「不慮《ふりょ》の儀」と言うように「光秀の意志による謀反であったのかどうか」といった基本的な入口論の解明さえも、どうやら未だに論議されず究められてもいない、即ち「手付かずのミステリアスな事変」（＝未開拓な事件）なのではないか、と目を疑いつつ恣意もする。

以上のような観点から、「信長伝記」を知る上でも絶対に避けて通ることのできないこの「本能寺の変」の真相について、筆者は僅《わず》かな可能性も見出し、かつ大胆な推理を行いながら、整斉と核心を見定め究めていかなければならない、と思い立った次第である。

ところで、一つ気になることがある。それは、信長の「性格や人間性」についてである。多くの歴史研究者らは、フロイスの言葉を引用し信長のそれらを一様に手厳しく冷評する。もしその冷評などが正しければ、信長の周辺には光秀以外に私怨を抱いた人も少なくなかろう。そして私怨を抱いた彼らは（信長に追放されたと言われる人たちも含む）、本能寺で信長を討ち取ってくれた光秀に諸手を挙げて賛辞を呈するだろうし、しかも織田軍を敵に回した光秀を支援しようと兵を率い馳せ参じて来よう。

だがそのような人物は、不思議なことに、誰一人として現れなかったし、その兆《きざ》しすらもなかった。加えて「天皇の信長葬儀での信長を思う勅宣」や「勢田城主・山岡美作守の信長からの厚恩発言」などを併せ鑑みるに、そうした通説化している冷評などが本当に的を射ているのかどうか、今一度、信長の「性格や人間性」などを再検証する必要があろう……、と一考するものである。

尚、本論の構成や解釈などで、ご異見、ご高見も多々あろうとは存ずるが、それは筆者の浅学菲才《せんがくひさい》に免じて何卒ご容赦のほどを願いたい。

著者

二〇一三年五月

注1…「本能寺の変」の真相究明にあたって

一般的に「本能寺の変」とは、光秀が本能寺を襲撃して信長を殺《あや》めた事変を指す。しかし不可解さも多々あり、その真相を究める為に、一五八二年六月二日を挟《はさ》んだ前後一年くらいの動きを、本書では主として検討することとした。

注2…当時の陰暦（旧暦、以下省略）と今日の太陽暦（新暦）の関係

・信長が上洛した五月二九日とは、新暦（グレゴリオ暦）でいう《六月二九日》。
・信長が本能寺で茶会を開催し、また光秀が亀山を出陣した六月一日とは、新暦でいう《六月三〇日》（但し、ユリウス暦では、六月二〇日だという）。
・「本能寺の変」が勃発した六月二日とは、新暦でいう《七月一日》。

注3…本能寺内の配置など

『本能寺と信長』によれば、「現存する本能寺は移転後の建物であり、移転前の本能寺と

は全貌が判らないのだ。だが、信用できる史料だけからみると、三、六〇〇坪の寺内にあった建物は、表御堂と呼ばれた『本堂』、本堂の奥に庫裏《くり》から客殿に連なる大きな建物が『御殿』、それに馬が繋《つな》がれ侍《さむらい》らが警護し待機する『御厩《おうまや》』があった」という。

したがって本書で言う信長の寝所とは、この配置から、本能寺の御殿内にあったと思慮する。

また同書は、「本能寺と妙覚寺の距離は約六〇〇メートル、妙覚寺と二条新御所（＝二条の御所、二条御所、下御所）の距離は約三〇〇メートル」、とも記す。

注4…「本能寺の変」が起った時刻の割り出し

「本能寺の変」が起った時刻などは、厳密に示されていない。そこで状況を正確に把握する為にも、光秀が出陣した時刻や「本能寺の変」が勃発した時刻などを、概略推定しておく必要がある。

先ず『理科年表』には、太陽暦での二〇一一年六月三〇日の京都における「日の出」時刻は《四時四六分》、「日の入り」時刻は《一九時一五分》と推定されている。次に『信長公記』には、光秀が信忠を討ち取った後、京都にいる信長らの残党狩りを命じたのが《八時頃》、また『フロイス日本史』にも、二条新御所での戦いは《二時間》と記されている。

本書では、右記の史料の内容および注2、注3から、主な状況の時刻を次のように推定した。

・六月一日の夜に入ってから、光秀が亀山を出陣した時刻とは、二〇時頃。

・六月二日、空が白《しら》み夜も明けてきた未明の状況下で、光秀が京都・桂川を渡った時刻とは、四時前。

・光秀が本能寺を取り囲んで攻め入った時刻とは、四時半頃。

・光秀が信長を殺めた後、妙覚寺へ駆け付けた時刻とは、六時前。

・光秀が二条新御所を取り囲んだ時刻とは、六時頃。

・光秀が信忠を殺めた時刻とは、八時前。

尚、本論では、当時の状況を理解し易くする為に、この時刻を冒頭から適宜表記することとした。

注5…正式名「布武天下《ふぶてんか》」とその解釈

これまで、「信長の代名詞」だと言われてきた「天下布武」なる語を記した当時の史料はない。しかしながらそう認識されるものが、現存する信長書状に押印された朱印であろう。この朱印を、右から読めば「天下布武」となるから、単に、そう定義したのだろうか……。但し、その朱印を左から読めば、当時の史書『政秀寺古記』（参照「左記の＊欄」）に言う「布武天下」となる。

唯一の史書に明記された「布武天下」を、先人らが、その史書を無視して見た目で勝手に「天下布武」と定義したとすれば、それはそれこそ、歴史を歪《ゆが》める絶対に許されない大問題ではないか。

したがって本書は、その史書に基づいた正式名「布武天下」を使用しているところである。

天	布
下	武

例：朱印

とはいえ、もっと大事なことは、「武」の意味ではなかろうか。だがそれは、一般に言う「武力」「暴力」「軍事」など戦闘的な語彙《ごい》を指すものではなく、室町時代初期の京都五山文学（禅林）で究められた古代中国史書『春秋左氏伝《しゅんじゅうさしでん》』に掲げる「武に七徳《しちとく》あり」（＝「七徳の武」）に来由した「徳治」の意であろうと考える（参考『義堂周信』）。そうであれば「布武天下」とは、「徳を布《し》き詰めて天下を治める」と解釈するものである（参考『ドキュメンタリー織田信長』）。

＊『政秀寺古記』…「布武天下」のことを記した唯一の史書――（概要）

信長は、「我、天下をも治めん時は朱印が必要だろう。ついては朱印に良き字がないか」と禅僧・沢彦《たくげん》に聞いた。沢彦は、信長が目指している治世の姿（撫育《ぶいく》民姓国家）を字句にするのは、あまりにも難しいと判じ、よって、その要請を断わったのである。しかし何度も信長の使者が催促してきたのだ。沢彦は、已むなく「布武天下」という字を書き付け、それを信長に進上した。これを受け取った信長は、「正《まさ》に自分が思っていた通りの字だ」と応えた。

注6…年号表示は、比較し易くする為に、西暦とした。

永禄…一五五八～七〇年、元亀…一五七〇～七三年、天正…一五七三～九三年

注7…本書では、引用史書は＊印、筆者の意見や考えなどは※印をもって、表記した。また引用史書で、本書が注目した箇所については、その右側に傍線を付した。尚、引用史書名のない内容は、主に『信長公記』もしくは『織田信長文書の研究』などに拠って

いる。

注8…本書は、拙書『ドキュメンタリー織田信長』の後編である。本来、上記作品の第二編と位置付け、第一編「信長一代記」と合わせた一冊の「信長総集編」としたかったが、実録と推理が混在した内容は、あまりにも異次元的な様相となる。そこで混乱を避ける為に、上記拙書でもお断りしたが、敢《あ》えて別稿（本書）とした次第である。

注9…尚、「はじめに」にも掲げたこれまでの諸説などの紹介については、本書と考え方やアプローチ法が全く異なる為に、一々対比などすると紛乱《ふんらん》もし、けだし周知されてもいるところから、本書では割愛させて頂くこととした。

注10…本書は、憶測や「こじ付け」などを排しながら、歴史認識や史書に秘されたヒントなどを頼りに忠実に推理を展開した上で、この「本能寺の変」を解明しようと心掛けた。そこで、さらに理解を深める為に、本書に登場する人物の「人となり」なども併せて紹介しようと考えた。しかしながら通説などにも言う、その誇張や虚飾に美化された、あるいはその逆の「人となり」によって、個々の分析や推理が歪められてしまう恐れ

もあり、右記の注9同様、紛《まぎ》らわしき内容などは割愛させて頂くこととした。
但し、評判高き「明智光秀の聡明さ」「近衛前久の秀逸《しゅういつ》さ」だけは事実であろうと見て、本論の中で、適宜その旨を記載した。

注11…本書に登場する人物の生没年

織田信長…一五三四〜八二年、織田信忠…一五五七〜八二年、
織田信雄…一五五八〜一六三〇年、織田信孝…一五五八〜八三年、
明智光秀…?〜一五八二年（『織田軍記』では、享年五五または六三の説もある、と紹介している）、織田長益…一五四七〜一六二一年、
柴田勝家…?〜一五八三年、羽柴秀吉（後の豊臣秀吉）…一五三七〜九八年、
徳川家康…一五四二〜一六一六年、穴山梅雪…一五四一〜八二年、
滝川一益…一五二五〜八六年、正親町天皇…一五一七〜九三年、
足利義昭…一五三七〜九七年、近衛前久…一五三六〜一六一二年、
吉田兼見（兼和）…一五三五〜一六一〇年、勧修寺晴豊…一五四四〜一六〇二年、
里村紹巴…一五二七?〜一六〇二年、森蘭丸…一五六五〜八二年、

細川藤孝（長岡兵部大輔）…一五三四〜一六一〇年、細川忠興（長岡与一郎）…一五六三〜一六四五年、堀秀政…一五五三〜九〇年、斉藤利三…？〜一五八二年、
筒井順慶…一五三九〜八四年、池田恒興（勝三郎）…一五三六〜八四年、
高山右近…一五五三？〜一六一五年、中川清秀…一五四二〜八三年、
山岡美作守…一五二五〜八五年、津田信澄…一五五八？〜八二年、
毛利輝元…一五五三〜一六二五年、吉川元春…一五三〇〜八六年、
小早川隆景…一五三三〜九七年、荒木村重…一五三六〜八六年、
長宗我部元親…一五三八〜九九年、蒲生賢秀…一五三四〜八四年、
太田牛一…一五二七〜一六一三年、ルイス・フロイス…一五三二〜九七年。

参考図

“本能寺の変”を起した光秀の行動図

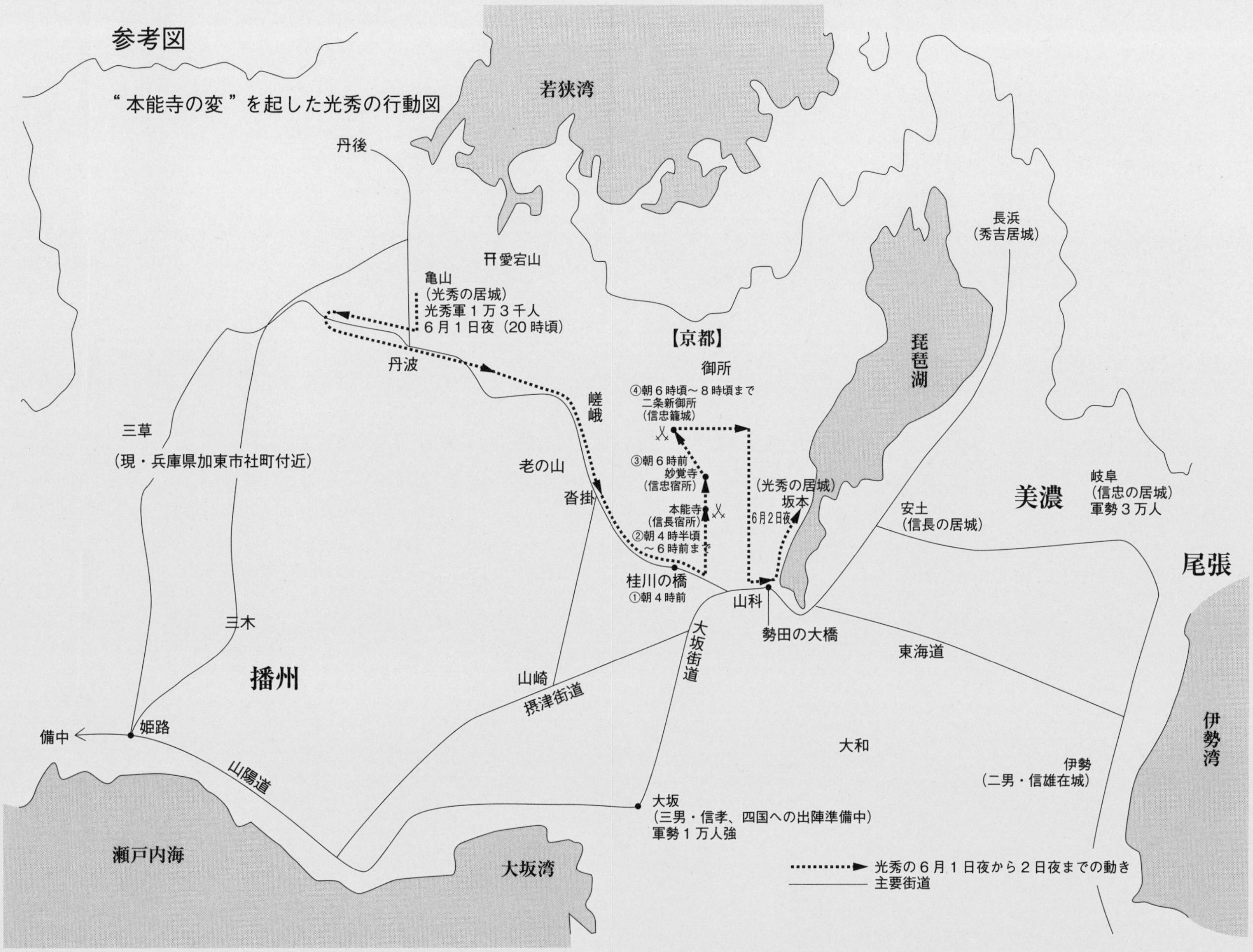

目次

一章　史書による事実の認識

先ず、「本能寺の変」を読み解いていくにあたって、事変が起った時点を挟んだ一五八二年五月中旬から六月中旬頃にかけて、史書などに記された当時の記録内容を、流れに沿って追い掛けてみたい。

一、「本能寺の変」が起る前の状況

1. 安土での動き

①信長の計《はか》らいによって、徳川家康の息女と穴山梅雪（信君。母は武田信玄の姉、妻は信玄の息女）の嫡男・勝千代の縁組が調《ととの》ったのである。一五八二年五月一五日、家康と梅雪は、この御礼を信長に申し上げる為に、安土へやって来た（参考『小田原北条記』）。その家康のお供は、一五人以下にしたという（『明良洪範』）。

信長はこの二人を歓待する為に、近江・坂本と丹波・亀山の城主で畿内《きない》（山城、摂津、和泉、河内、大和で五畿内とも言う）を所轄する明智光秀を、その接待役に命じた。

光秀はこの接待を全《まっと》うしようと、「京都や堺において珍物を調え、大変素晴らしいお持て成しを致した。それは一五日から一七日までの三日間にわたった」（『信長公記』）とのことである。

②かような中で、備中・高松城を水攻めにしている羽柴秀吉から、「この高松城を救援しようと、毛利の大軍（毛利輝元、吉川《きっかわ》元春、小早川隆景ら）が迫ってきた」旨を、早馬でもって信長に注進してきた。

信長は、「この度、このように敵と間近く接したのは、天の与えたよい機会であるから、自ら出兵して、中国地方の有力な大名どもを討ち果たし、九州まで一気に平定してしまおう」と考え、堀秀政を使者として秀吉へ細々《こまごま》とした指示を申し送った。

そして信長は、惟任《これとう》日向守（明智光秀）、長岡与一郎（細川忠興）、池田勝三郎、塩川吉大夫、高山右近、中川瀬兵衛（清秀）ら一三名に、秀吉支援の先発として出兵するよう命じた。その命令は次の通り（参考『明智軍記』）。

「この度、備中の国後詰《ごづ》めの為に、近日かの国へ出馬なすべくものなり。これによって先手の銘々我より先にかの地に至り、（信長と信忠が到着するまでは）羽柴筑前守（秀吉）の指図に任《まか》すべくものなり」

③五月一七日、この信長の出兵命によって接待役を解かれた光秀は、備中・高松への出陣準備の為に安土から坂本へ帰城した。

④五月二一日、家康らは京都、大坂、堺、奈良を見物する為に、信長の嫡男・信忠二千人の兵と共に安土を出立した。信忠の京都での宿所は妙覚寺である。

2．亀山および愛宕山での動き…謀反の兆し？

①五月二六日、光秀は、坂本を発って、軍兵が集結する丹波・亀山の居城に到着した（尚、

亀山と京都の距離は、約二〇キロメートル)。

②翌二七日、光秀は、戦勝を祈願する為に、亀山から愛宕《あたご》山へ行き一夜参籠《さんろう》した。しかし思うところがあってか、神前に参り、太郎坊の社前で二度、三度と御神籤《おみくじ》を引いた、とのことである。

③その翌日の二八日、光秀は、里村紹巴《じょうは》や西坊らと歌会を興行した。そこで詠《よ》み上げられた連歌とは次の通り。

・ときは今　あめが下しる　五月《さつき》かな　光秀

(時は今である。雨が世に降る五月であることよ。土岐《とき》氏の一族である自分が天下を支配すべき五月となったのだ)

・水上《みなかみ》まさる　庭の松山　西坊

(五月雨《さみだれ》が降り続き、川上の水音が一段と高く響く庭には、松山が見えることだ)

・花落つる　流れの末を　せきとめて　紹巴

（花が落ち積もったことだ。遣《や》り水の流れの先を堰《せ》き止めて〈ご謀反をお止めしたい〉）

このように皆で百韻を詠んだ光秀は、それらを認《したた》めた懐紙《かいし》を神前に納めて亀山へ帰城した（参考『信長公記』）。

3. 京都での動き

①五月二九日、信長は軍兵も伴わず、お小姓衆二、三〇人を召し連れ上洛した。信長の京都での宿所は本能寺である。

②これまで信長と行動を共にしていた近衛前久《このえさきひさ》は、この五月（末日？）に、太政大臣《だいじょう》を辞任した（参考『公卿補任《くぎょうぶにん》』）。

※近衛前久、三ヶ月後に太政大臣を辞任した怪――

この公家のトップである前久の辞任は、公家の日記や『信長公記』など当時の一般史書に記されていないことから、どさくさに紛れての届出だと考えられ（五月末？）、また辞任の理由も判らない（参考『流浪の戦国貴族　近衛前久』）。

そこでその辞任理由を推し量るに、それは前月の四月に朝議決定された「三職推任《さんしきすいにん》」（参照「左記の※欄」）での太政大臣職を、信長に請《う》けてもらう為の配慮だったのだろうか。もしそうであれば、宮中『公卿補任』以外の一般史書にも記されるだろうし、また関白・一条内基も一緒にその関白職を辞任するはずであろう。しかし一条は関白を辞任していないことなどを勘案すると、この前久の辞任には他に理由がある……、と本書は考える（参照「五章三、（二）2.」）。

※「三職推任」（参考『晴豊記』）――
一五八二年四月二五日、朝議にて、「信長を太政大臣、関白、征夷大将軍のいずれかに任官させる」と決定し、信長の意向を聞く為に、女臈《じょろう》（皇后の次官）や中納言・勧修寺《かじゅうじ》晴豊らが、五月四日、安土入りした。だが、この朝議決定に対する信長からの返答はなかったのである。

③六月一日、信長は、本能寺にて茶会を催した。参列し同座した公家は、（前太政大臣？）近衛前久、（内大臣で前久の嫡男である）近衛信基、（前左大臣）九条兼孝、（関白）一条内基、（中納言）観修寺晴豊、（同）広橋兼勝、山科言経《ときつね》ら四〇名であった（参考『言経卿記』）。

この時、信長は（一説によれば、本日の「日食」が予測できなかった）京暦を批判し、三島暦の閏月《うるう》の考えを検討するといった難題を持ち掛けたという（参考『晴豊記』）。

4．大坂での動き

大坂では、信長三男・信孝が四国・長宗我部《ちょうそかべ》征伐の為に、一万人強の軍兵を率いて集結している。その出陣時期は六月三日だ（参考『続真宗大系 第一六巻』）。

5．光秀の出陣

光秀の出陣を記している主な史書の一節を次に掲げてみよう。

イ．『信長公記』…光秀の進軍経路などについては、「参考図」を参照のこと

「六月一日、夜に入って、丹波の亀山において光秀は信長に謀反を企て、明智秀満（娘婿）、明智次右衛門、藤田伝五、斉藤利三（家老）らと相談して、『信長を討ち果たして、天下の主《あるじ》

となろう』と謀を企てた。

そして（二〇時頃）亀山から中国地方へ出るには三草《みくさ》越えをするところであるが、光秀は（西進中の）途中から引き返して、馬首を東に向け変え、『老の山〈丹波から京都の鷹が峰に越える坂〉へ登り、山崎を経て摂津の国へ出兵したい』と軍兵たちに触れおいて、先に相談した武将たちに、京都進撃の先陣を命じた。夜になって、明智一行は、老の山へ登った。（沓掛で）右へ行く道は山崎の天神馬場であり、摂津街道である。左へ下れば、京都へ出る道である。

光秀らは（沓掛で山崎方面に行かず）道を左へ下って、桂川を越えたところで、ようやく夜も明け方（六月二日の早暁四時前）になった」

ロ．『フロイス日本史』…九州にいるフロイスの同年一一月五日付の記述

「（カリオンの報告などによれば、）明智とは、その過度の利欲と野心が募《つの》りに募り、ついにはそれが天下の主になることを望ませるまでになったのかも知れない。彼は、胸中深く秘めながら、企てた陰謀を果す適当な時機をひたすら窺《うかが》っていたのである。……抜け目のない彼は、その時まで、何びとにも自らの決心を打ち明けておらず、かような無謀な企てが彼にあることを考える者は一人としていなかった。

……ところで、明智は極めて注意深く聡明だったので、もし（この企てを既に打ち明けた）彼らの内の誰かが先手を打って信長に密告するようなことがあれば、自分の企ては失敗するば

かりか、いかなる場合でも死を免《まぬか》れないことを承知していたので、彼は、直ちに自らの面前で全員を武装せしめ騎乗するように命じて真夜中に（亀山を）出発した。……それは一五八二年六月二〇日（ユリウス暦＝旧暦六月一日）の水曜日であった。兵士たちはかような動きが一体、何の為であるか訝《いぶか》り始め、おそらく明智は信長の命に基づいて、家康を殺すつもりであったと考えた」

二、「本能寺の変」が起った当日（六月二日）の状況

1. 光秀、信長を殺《あや》める

明智光秀は、一万三千人の軍を率いて、（明け方四時半頃）信長のいる本能寺を取り囲んでは攻め込んだ。ところが、本能寺が火事となって全焼したことから、焼け崩れた建物の下敷きとなった信長の遺骸は見付かることもなかったのである。この辺りの内容を記す主な史書の一節を次に掲げてみよう。

イ.『信長公記』…太田牛一は、寺から逃げ延びた女などの伝聞を記したという

「光秀らは、早くも信長公の御座所《ござしょ》である本能寺を取り巻き、その軍兵が四方から乱入してきた。信長公もお小姓衆も、はじめその場限りの喧嘩《けんか》を下々《しもじも》の者が為《し》出かしたものと思われたが、一向にそうではなく、敵勢は鬨《とき》の声を上げ、御殿に向かって鉄砲を撃ち入れてきた。信長公が『さては謀反か、いかなる者の仕業《しわざ》か』とお尋ねになったところ、森蘭丸が『明智の手の者と思われます』と申し上げると、『やむを得ない』と覚悟なされる。敵勢は間を置かずに、次々と御殿に進入してくるので、表御堂のご番衆も退いて、御殿の人々と一手になった。

……信長公は、初め弓を取って、二つ三つと取り替え引き替え、矢を放たれたが、いずれも時が経つうちに、弓の弦《つる》が切れてしまったので、その後は槍《やり》を取って戦われた。しかし御肘《ひじ》に槍傷を受けて引き退かれる。それまでお側に女中衆が付き添い申していたが、『女たちは構わぬ。急いで脱出せよ』と仰せられて、女たちを御殿から追い出されたのであった。

既に御殿に火がかかり、燃え広がってきた。最期のお姿を見せまいと思われたのであろうか、御殿深くお入りになって、中からお納戸《なんど》の戸口にカギをかけ(?)、哀れにもご自害なされたのである」

ロ.『フロイス日本史』…九州にいるフロイスの同年一一月五日付の記述

「（カリオンの報告などによれば、）明智は、天明前（旧暦の六月二日明け方）に三千人（？）の兵をもって、本能寺と称する法華宗の一大寺院を完全に包囲してしまった。……我らの教会は、信長の場所から僅か一街（町、約一〇九メートル）を隔てただけの所にあったので、数名のキリシタンはこちらに来て、折から早朝のミサの仕度をしていた司祭（カリオン）に、御殿の前で騒ぎが起こっているから、暫《しばら》く待つように言った。

……まもなく銃声が響き、火が我らの修道院から望まれた。使者が来て、あれは喧嘩ではなく、明智が信長の敵となり反逆者となって彼を包囲したのだ、と言った。明智の軍勢が御殿の門に到着すると、真っ先に警備に当っていた守衛を殺した。内部では、このような反逆を疑う気配もなく、御殿に宿泊していた若い武士たちと奉仕する茶坊主と女たち以外には誰もいなかったので、兵士たちに抵抗する者はいなかった。そしてこの件で、特別な任務を帯びた者が、兵士と共に内部に入り、丁度、手と顔を洗い終え、手拭《てぬぐい》で身体を拭《ふ》いている信長を見付けたので、直ちにその背中に矢を放ったところ、信長はその矢を引き抜き、鎌のような形をした長槍《ながやり》である長刀《なぎなた》という武器を手にして出て来た。

そして暫く戦ったが、腕に銃弾を受けると、自ら部屋へ入り戸を閉じ、そこで切腹したと言われ、また他の者は、彼は直ちに御殿に放火し、生きながら焼死したと言った。だが、火事が大きかったので、どのようにして彼が死んだかは判っていない。我らが知っていることは、その声だけでなく、その名だけで万人を戦慄《せんりつ》せしめていた人間が、毛髪といわず骨といわず灰燼《かいじん》に帰さざるものは一つもなくなり、彼のものとしては、地上に何ら残存しなかったことである」

2. 光秀、信忠を殺める

この本能寺の事変を聞き付けた信長の嫡男・信忠は、左記＊欄の通り光秀の街道封鎖を予覚、よって京都を脱することなく妙覚寺から堅固な二条新御所（一五七九年一一月、信長が進上した誠仁親王の御座所）へ移り、そして防御を固めた。

＊『当代記』…信忠、京都からの脱出を諦《あきら》める（同旨『信長公記』）——

信忠は、家臣の安土への退避進言に対して、「これほどの謀反を企てる奴輩《やつばら》（光秀）が、どうして京都の出入り口へ手を回さないでおられようか。（そんなことも判らず逃げる）途中で（待ち構える光秀の雑兵の手に懸かって）果てるのも無念ゆえ、よって、徒《いたずら》に退避すべきでない」と仰せられた。

信長を討ち果たした光秀は、信忠が二条新御所で籠城《ろうじょう》していると聞き付け、朝六時頃、この二条新御所を取り囲んで攻め立てた。戦いは熾烈《しれつ》を極めたが、門も開いている（?）隣接した近衛前久邸の屋根や塀の上から、光秀軍が鉄砲などで攻撃し火を放ったことで、信忠の軍兵は、総崩れとなり敗北した。その結果、二条新御所も全焼し、自害した信忠の遺骸も見付かることはなかったのである。

※完全ではなかった二条新御所の包囲網（参考『当代記』）――

信長の弟・長益（後の織田有楽）は、信忠に従い二条新御所で光秀軍と戦っていたが、しかし光秀軍の包囲網が完全でなかったのか、その戦いの最中に逃げて京都を脱したという。

午前八時頃、信長と信忠を殺めた光秀は、信長らの残党が京都の町屋などへ逃げ込んだと思い、光秀軍兵らにその残党狩りを命じた。

＊『信長公記』――

六月二日午前八時ごろ、信長公御父子・ご一門・ご高臣らを討ち果たした明智日向守（光秀）は、「落人《おちうど》があるであろうから、家々を捜索せよ」と命じたので、兵卒たちが洛中の町屋へ踏み込んで落人を捜すそのありさまは、目もあてられぬ騒ぎであった。都の騒動は一通りのことではなかった。

3. 安土に早々と伝わってきた京都の出来事

安土では、早くも午前一〇時頃、光秀の謀反《むほん》によって信長・信忠父子や高臣らが切腹した、といった噂《うわさ》が伝わってきた。

＊『信長公記』…安土へ数時間で伝わった京都の出来事――
六月二日午前一〇時頃、安土には風の吹くように何処からともなく、「明智日向（光秀）の謀反によって、信長公・中将信忠卿父子、ご一門、そのほかご高臣の方々がご切腹になった」との噂が伝わってきた。……そのうち京都から下男衆が逃げ帰ってきたので、謀反はいよいよ確かなことと決まった。

4. 家康ら、堺を脱出

堺では、京都の出来事を聞き付けた徳川家康と穴山梅雪が身の危険を察知し即座に帰国の途に就いた。但し、梅雪は、途中で一揆《いっき》（農兵ら）に討ち取られたという（参考『信長公記』）。

5．直ぐさま、参内しなかった光秀

光秀は、信長らの残党追討など「天下に号令を発する」為に、早速、御所へ馳《は》せ参じ、そして正親町《おおぎまち》天皇の勅命を書した綸旨《りんじ》を賜《たまわ》るのが常道であるが、しかしながらそうした直接の動きはなかった。

6．近江・勢田の山岡兄弟、光秀の協力要請を拒否

それより光秀は、安土などから織田の残党が攻め上がって来ると思い、直ちに勢田へ赴き、勢田の城主・山岡美作守《みまさかのかみ》とその弟に対し「人質を出して光秀に協力されよ」と申し入れた。だが山岡兄弟は、「信長公のご厚恩は浅くなかった。（光秀殿の申し入れには）とても同意できかねる」と答え、安土や岐阜などへ通じる勢田の大橋、および勢田城に火を放って山中へ逃避した。

光秀は、光秀の与力である山岡兄弟が自分の味方に加わると思っていたが、意想外な彼らの言動に気を落とすとともに、已《や》むなく居城・坂本へ帰ったのであった（参考『信長公記』、参

照「参考図」）。

7．前久、仏門への帰依（隠居）

六月二日、近衛前久は、剃髪《ていはつ》し出家して龍山と号した（『大日本史料』）。

※前久が仏門に帰依した時期とは——

前久が剃髪し出家した隠居の時期を、史書は六月二日と記すが、左記の二項（参照「三、3.」の前久の参内《さんだい》、および「三、10.」の前久の出奔《しゅっぽん》）の動きや状況を勘案するに、その時期とは、光秀が敗死した六月一四日以降で、しかも前久が出奔した六月一七日までの間であったろう、と本書は見定める（参考「七章1.①ニ.の※欄」）。

三、「本能寺の変」が起った翌日以降の状況

1．光秀、占領した安土で勅使を迎える

①六月五日、勢田の大橋の修理が終った報告を受けた光秀は、その大橋を渡って安土へ出陣し安土城を占領した。光秀は、信長の金、銀、雑具を点検し諸士に割り与えたという（参考『織田軍記』）。

②六月六日、誠仁親王は、光秀に勅使・吉田兼見を遣《つか》わされた。そして勅使は安土城で光秀に接見したのである。光秀が勅使・兼見に返礼した内容については、六月八日、京都に戻った兼見が、それを勅答として天皇（もしくは誠仁親王）に奏上した（参考『兼見卿記』）。

2. 信澄、討たれる

六月五日、四国征伐の信孝に付き従い大坂で布陣する光秀の娘婿・津田信澄《のぶずみ》（信長の弟で故・信行の嫡男）は、信孝に「光秀一味」として討ち取られた。

3. 前久らの参内…御祝い事あるいは頼み事？

六月七日、近衛前久（出家後？）、近衛信基（前久の嫡男で内大臣）らが参内し、御樽をご進上した（参考『晴豊記』）。

4. 光秀から天皇などへの献上と、光秀の戦勝祝賀会!?

①六月九日、光秀、安土より帰洛し吉田兼見邸を訪問、兼見も白川まで出迎えた。尚、公家衆や町衆も挙《こぞ》って凱旋した光秀を出迎えたという。

②光秀は、兼見を通じて、（安土城から奪い取ってきた？）銀子を、天皇と誠仁親王に五〇〇枚献上する旨を申し入れ、さらに京都五山と大徳寺には一〇〇枚ずつ、また兼見にも吉田神社の修理にと五〇枚寄進した。

③同日の夕方、吉田兼見邸で、光秀は、兼見や連歌師の里村紹巴《じょうは》らと夕食を共にした（参考『兼見卿記』。戦勝祝賀会？）。

5. 光秀に加担すると見られた武将ら

ところで光秀が頼みとする武将らとは、次の通り（六月八日現在）。しかしながら、結局、誰も光秀には味方をしなかった。

イ．光秀の姻戚関係…細川藤孝・忠興父子、筒井順慶、津田信澄（死亡）

ロ．光秀配下の与力…池田恒興、中川清秀、高山右近、山岡美作守兄弟（拒否）

ハ．反信長陣営…毛利ら中国勢、毛利の庇護で備後・鞆《とも》の浦に幕府を構える第一五代将軍足利義昭、四国・土佐の長宗我部、越後の上杉ら

6. 藤孝に宛てた光秀の親書…意味深な「不慮の儀」とその理由

尚、光秀から細川藤孝に使者を通じて口頭での支援を要請したことはあっても、正式に要請した書面は左記＊欄に記す「六月九日付親書」だ。但し藤孝は、その要請を拒否した。然るに、他の武将への光秀支援要請親書の有無は、不明である。

＊光秀が細川藤孝に正式要請した「六月九日付親書」（『綿考輯録《めんこうしゅうろく》』）――

一、御父子が元結《もとゆい》を払われた（光秀が引き起した本能寺の変を聞き吃驚《びっくり》して剃髪された）ことは、もっともであり余儀ないことと候。一旦、我らも（二人が剃髪したことを聞いて）腹立ち候えども、思案のほど、かように有るべきと存じ候（しかし、それも当然と思った）。然れども、この上は大身を出されて候（主な武将の派兵など）、御入魂《じっこん》（協力）希むべき候事。

一、国（領地）のこと、内々摂津を存じ当て候て、御のぼり（上洛）を相待つ候つる。但し、若（若狭）の儀、思し召し寄り候えば、これ同前をもって候、差し合いきと申し付けるべしと候事（若狭でも十分と言うなら、それでも良い）。

一、我ら、この不慮の儀（本能寺の変）、存じ立てる候事、（娘婿の）忠興など取り立て申すべしとての起る（発案）に候。更に別条（これ以外の理由）なしの候。（そして）五十日百日の内には、近国の儀、相堅く（平定）候の間、その以降は、十五郎（光秀の嫡男・光慶）・与一郎（忠興）殿などへ（政権を）引き渡し申す候。（しかし）何事も間を敷き存じ候（時間を貰いたい）。委細は両人（使者）申すべき候事。以上。

※光秀、「本能寺の変」を「不慮の儀」と認識、かつそれを企図した理由——

光秀が信長を殺めた「本能寺の変」とは、「それは、思い掛けない意想外な出来事『不慮の儀』なのであった。だがそれを企図した理由は、藤孝の嫡男で光秀の娘婿・細川忠興や光秀の嫡男・明智光慶らを取り立て光秀新政権を引き渡す為なのだ」、と偏《ひとえ》に親の愛情から起ったものだと意味深に述べているところである。

7. 秀吉の中国大返し

京都の出来事を知った秀吉は、六月六日、大軍を率いて備中・高松から姫路を経由し、六月一一日、尼崎に到着、そこで信孝や丹羽長秀らと合流した。

8. 光秀、山崎の合戦で敗北

六月一三日、光秀軍は、秀吉、信孝、丹羽長秀らの連合軍と山崎の地で戦ったが惨敗した。この山崎の合戦に敗れた光秀は、翌一四日、坂本への逃避中、農兵らによって討ち取られたという。

9. 兼見、光秀との関係を否定

六月一四日、右記「4. ②」の件で、信孝の使者と称する者が吉田兼見宅を訪問、そして「光秀が信長の銀子を盗み取っては、それを畏れ多くも天皇に献上したのではないか」と言い、さらには、「その件に吉田兼見が関与したのではないか」と詰問《きつもん》してきた。

驚いた兼見は、誠仁親王に愁訴《しゅうそ》するとともに、本件の執り成しを秀吉に頼み、また信孝には非のない事情を説明した（参考『兼見卿記』）。

10. 公家も驚いた、前久のお忍び（出奔）

六月一七日、近衛前久、嵯峨へお忍《しの》び。嫡男・信基にも御気遣いなり。近衛殿、今度ひきよ（卑怯?）事の外なり（『晴豊記』）。

11. 前久を成敗する噂

六月二〇日、山崎の合戦で勝利した信孝が「近衛前久を成敗せん」、との風説あり。但し、嫡男・信基身上には別儀なし、という（参考『兼見卿記』）。

12. 戦犯調べで逃避した前久

信孝や秀吉らが、京都で「本能寺の変」の戦犯関係者などを取り調べたのである。しかしながらこうした取り調べが理不尽《りふじん》であったことに嫌気《いやけ》を起した近衛前久は、五ヶ月後の一一月初め頃、遠江・浜松へ下向し、その浜松に在城する徳川家康に身を寄せて保護を求めた。

尚、前久と家康の関係とは、一五六七年、家康の松平家は系譜上、新田源氏を先祖だと主張、よってその姓を松平から徳川に改めたいと宮中へ奏上した。この時、前久の尽力で勅許が発せられ、家康は「徳川」の改姓に叙爵および「三河守」を拝命し得た恩義があったからだという（参考『流浪の戦国貴族　近衛前久』）。

＊秀逸・近衛前久の略歴（参考『流浪の戦国貴族　近衛前久』）――

五歳…元服、正五位下。七歳…正三位、権中納言。九歳…従二位。一〇歳…権大納言、右近衛大将。一二歳…正二位、内大臣。一八歳…右大臣。一九歳…関白。二〇歳…従一位。二二歳…官職辞任。三三歳…新将軍・足利義昭との確執により大坂、丹波へ出奔。四〇歳…信長に乞われて帰洛。四七歳…一五八二年二月、太政大臣。五月、太政大臣の辞任。六月、剃髪し出家、その上、嵯峨へ出奔。一一月、家康の許へ下向。四八歳…家康の尽力で帰洛。四九歳…秀吉より赦免。五〇歳…秀吉を前久の猶子《ゆうし》（名義上の養子）にした上で秀吉を関白に推挙した。

◇　◇　◇　◇　◇

以上が、京都およびその周辺における「本能寺の変」に関わる主な事実関係であった、と認識する。だがこの光秀の断片的な動きなどを判断しても、何故か光秀に緻密《ちみつ》な謀反の策略とか行動があったとは見受けられないのである。

さらに考えさせられるものとして、光秀が「本能寺の変」を、意想外な出来事「不慮の儀」と称していることだ。中でも奇妙なのは、その謀反の意図とは「自身の信長への怨念を晴らす」とか「誰かに唆《そそのか》された」というものではなく「別条なし」と言い、しかし偏に嫡男

（明智光慶）や娘婿（細川忠興）などを取り立てた上で、光秀新政権を彼らへ引き渡さんとして事変を起したのだ……、と親の愛情を殊更《ことさら》「六月九日付親書」に掲げている点である。

だが、謀反を起した人物が他人事《ひとごと》のように「不慮の儀」と言うだろうか。尚かつ親の愛情で謀反を起したと言うなら、もっと光秀の事前準備やその行動に議論が高まろうか。

とはいえ、仮にそうだとすると、「はじめに」にもいう謀反を起すに至った通説の事由「怨念とか連携、示唆《しさ》」などは、光秀に端《はな》からなかったことを自ら申し述べているのではないか、といった筋が全く違う不可思議な思いを感得する。

そこで本書は、光秀が何らかの理由で本能寺へ入って行ったものの、予期せぬ事態が発生し信長を殺めてしまった結果（「不慮の儀」）、それだから、そんな恥ずべき「主殺し《あるじ》」という人に知られたくない事情や理由などを押し隠す為に、親としての「子供らへの愛情」を別して示そうと、そうした意味不明な「謀反の意図」を無理矢理に掲げたのではないか、と詮索《せんさく》するところである。

二章　信長を討ち取って天下を乗っ取る策略

それでは、光秀が「仮そめ」にも子供らの為とはいえ、謀反を企て信長を討ち取り天下を乗っ取ろうとするならば、諸事万端、事の漏れや対応の遅れなど、一つの失敗も許されるものではない。

そうすると五畿内を所轄し、俗に近畿管領《かんれい》とも言われる光秀には、常に信長らの動きなどといった諸状況を克明に把握できる有利な立場にある。さらに京都は然《しか》り、本能寺や妙覚寺の隅々まで知り尽くしている光秀にとっては、即ち謀反を企てるなら最適の策略（計略）を立てて行動することなど、至極、順当である。

然らば、明晰、明敏な光秀が、そうした「信長を討ち取って天下を乗っ取る」為に必要な、用意周到で、かつ常識的、具体的な、事前に立案したであろう策略などを、本書では、当時の状況も鑑みながら光秀に成り代って策定してみたい。

一、本能寺へ討ち入るまでの策

謀反を成功させるには、「光秀軍の動きを信長方に知られない」「信長方を結束させないよう、光秀は状況をよく検討し、前もって策を講じておく必要がある。

1．京都へ進攻するまで

最初に検討すべきは、フロイスも言うよう、光秀軍兵の中にいるかも知れない信長や信忠と内通している者（いわゆる密偵、間者、斥候《せっこう》、スパイ）の存在だ。もしそういった輩《やから》がいれば、西国へ行く光秀軍の「逆方向・京都へ向かう異常な行動」を察して、そのことを密偵が信長らに急ぎ注進する可能性だってである。

そうであれば、そうした懸念を払拭《ふっしょく》する為に、また用心の為にも、光秀は出陣する時には、腹心の家老・斉藤利三と精鋭一〇〇人ほどを、そもそも京都の入口・桂川の橋の手前の小屋などに身を隠させ、誰一人として京都へ入らせないような手堅い手配をしておかねばならない。

2. 京都へ進攻した時

次に検討すべきは、光秀が京都へ進攻した時に、何処《どこ》を攻撃し何処を封鎖するかを事前に決め、そしてその状況に応じた戦い方も併せ策定しておくことだ。

①主要街道の封鎖

謀反が成功し光秀が政権を樹立したとしても、新政権が安定するまで、この京都の出来事を他所へ漏れないようにする必要がある。それには、先ず信孝のいる大坂、信長や信忠の留守部隊がいる安土・岐阜へ通じる街道の京都出口は直ぐに封鎖する。そしてその後、余力が出来次第、他の街道も順次封鎖していくことだ。

これを怠ってしまうと、京都の情報が流れ出て、政権基盤が出来上がるまでに、各地にいる織田の諸将が大挙して京都へ攻め上がって来るからである。

②本能寺と妙覚寺の同時包囲

本能寺にいる信長と妙覚寺にいる信忠は連繋《れんけい》させることなく、絶対にそれぞれを孤立させておかなければならない。それには、双方の寺を同時に取り囲むのである。逆に、どちらかでも取り逃がしたりしてしまうと、大同団結した織田の大軍に攻められ、それはそれこそ大変な事態「光秀最悪の結末」となる。

③信長らの人質確保

ところで、光秀が無勢の信長を討ち取ることなどは、いとも簡単である。

しかし、（通説でも言っているのが）恨み骨髄に徹する信長だ。そんな積年の恨みを、光秀は一息の一刀両断で晴らすわけにもいくまい。まして遠方で活躍している柴田勝家、羽柴秀吉、滝川一益ら織田の錚々《そうそう》たる武将の動きを抑え牽制《けんせい》する為にも、悪行の限りを尽くした（？）信長の後始末はさて置き、ここは何としても信長を生かしたまま捕縛《ほばく》し監禁しておかねばならない。

さらに付け加えるならば、妙覚寺にいる信忠および安土にいる信長の妻女らも人質にできれば「御《おん》の字」、それは願ってもない成果である。

3. 光秀軍の部隊編成

右記2. で検討した内容を具体的に実行するにあたり、桂川を渡った時点で、光秀は一万三千人の軍を次に示すような部隊に編成し直すことだ。そして光秀は、各部隊の任務を明示した上で、その圧倒的な勢いで一気呵成《いっきかせい》に敵を討ち破っていくのである。

イ. 街道封鎖の為に、大坂および安土などへ通じる主要街道の京都出口には、各々千人ずつを割り当て、理由がなければ誰一人として通過させない。

ロ. 二ヶ所の寺を同時に包囲する為に、守備兵の少ない本能寺には二千人、二千人ほどの守備兵がいる妙覚寺には六千人を割り当て、信長、信忠を捕縛するとともに誰一人としてそれぞれの寺から逃さない。

ハ. 信長のシンボル・安土城を占領するには、三千人を割り当て安土へ走らせる。そしてそこに住まいする信長妻女などは捕えて人質にする。

※『孫子』…「百戦百勝」の為の一方策「強者の戦法」——（概要）

敵に必ず勝利する方策の一つに「強者の戦法」がある。それは、自軍の兵力が敵の一〇倍ならば、敵を包囲するだけで充分であり、五倍ならば、正面から一気呵成に攻め込むのだ。それが二倍ならば、敵を奇策で分断した上で、その分断した片方へ怒涛の勢いで攻め込むのだ。いずれの場合においても、劣勢な敵は一散に逃げるか降参するので戦いとはなり得ず、よってかような戦い方は、兵卒や国土などを損なうこともなく、即ち「戦わずして勝つ」のだという。

二、本能寺や妙覚寺などへの討ち入り策

こうして光秀が編成したそれぞれの部隊は、桂川を越えると、光秀の号令の下、包囲し攻撃する本能寺と妙覚寺、占領する安土城、および封鎖する大坂街道や東海道などの京都出口へ、各大将を先頭に素早く一斉に走って行く。

尚、信長らは人質とするのが目的だから、余程のことがない限り、鉄砲や火矢《ひや》などを使わないよう、光秀は各大将を通じて皆に徹底しておかねばならない。

1．本能寺への突入

突入する部隊の大将は、光秀にする。

①光秀は顔見知りの門番に、「火急の用」と告げて門を開けさせる。だが門番も吃驚《びっくり》して門を開けないなら、光秀の軍兵は、直ちに塀を乗り越え力尽くで門を開ける。

②門が開いたら、光秀は、部隊の半分千人ほどを、事前に教え込んだ御殿内・信長の寝所へ一斉に突撃させる。その突撃を阻止する者はいない。

③一気に踏み込まれた信長も、あっと言う間の出来事だから、一人で暴れ回ったとて為す術《すべ》もなく、いとも簡単に取り押さえられ、よって光秀は信長を捕縛することができよう。

2. 妙覚寺への突入

突入する部隊の大将は、光秀の家老である斉藤利三にする。しかし妙覚寺の守備兵は二千人もいるだろうから、本能寺と同じようにはいかない。

①門番には、「火急の用」と告げて門を開けさせる。だがそれが駄目なら、大将・斉藤の軍兵は、直ちに塀を乗り越え力尽くで門を開ける。

②門が開いたら、大将・斉藤は、部隊の半分三千人ほどを、事前に教え込んだ信忠の寝所へ一斉に突撃させる。

但し、信忠には守備兵も多いので、寝所へ辿《たど》り着くまで激戦になる可能性もある。そこで大将・斉藤は、もし苦戦するようであれば、外で待機する二番手、三番手の突入も準備しておかねばならない。

③尚、信忠は生かしたまま捕縛できればよいが、敵兵も主君を守ろうと必死に戦ってくるの

で、その時は信忠を討ち殺すことも已むを得まい。それでも信忠の遺骸は確保する必要がある。

3. 安土城への突入

突入する部隊の大将は、光秀の娘婿である明智秀満にする。

①安土城は城塀がなく、しかも堅固な要塞《ようさい》造りではないから、攻め込み易いし、また大した守備兵もいない。それ故に多少戦いがあったとしても、皆一目散に逃げてしまい、安土城は、いとも簡単に陥落《かんらく》しよう。

②そして、天守閣の前の天皇御殿に連なる「信長の館」にいる信長の妻女らは召し捕えて、見せしめ人質として、即刻、京都へ引き連れてこなければならない。

＊フロイス…華麗な天皇御殿と質素な「信長の館」——

信長は、この城（安土城）の一つの側に廊下で互いに続いた、自分の邸《やしき》（「信長の館」）とは別の宮殿（天皇御殿）を造営したが、それは彼の邸よりもはるかに入念、かつ華美に造られていた。

4. 街道の封鎖

街道を封鎖する二人の大将は、光秀の重臣である明智次右衛門と藤田伝五にする。

①謀反の出だしに封鎖する重要な二ヶ所の地点（検問所）とは、一ヶ所目は京都から安土、美濃、尾張などへ通じる東海道の山科手前、もう一ヶ所目は京都から大坂、播州などへ通じる大坂街道と摂津街道の分岐点である（参照「参考図」）。

②その二ヶ所の検問所では、通行人全員を取り調べた上で、行き先のはっきりした者は通過させるが、そうでない者は通過させず、来た道へ押し返す。
但し、信長や信忠の残党とか挙動不審な輩《やから》と見れば、それぞれの大将は、「その場で、即刻、斬り捨てよ！」と軍兵らに徹底しておかねばならない。

光秀は、これ以降、光秀の親類・縁者らの援軍も集結して来るなど軍事力に余力が生じれば、次々と街道や間道を封鎖し検問していくのである。その封鎖する期間は、畿内を制圧し光秀政権が安定したと見込まれる時までとする。

三、光秀の参内

かように織田の近臣らを征伐して信長や信忠を捕縛、監禁した時点で、光秀は参内する。そして左記＊欄に言うような極悪人・信長を召し捕った正当性（?）を述べ、かつ光秀の持論「天皇主体の公武合体した王政政権の樹立」（参照「五章一、（一）1.」）を華々しく打ち上げ、その上で光秀は、天皇に「織田の残党の追討」を奏上し、大義としての天皇綸旨《りんじ》を賜る手順を踏むのである。

＊『武功夜話』…光秀が起した政変の正当性――

信長は己の武威を誇り、神社仏閣などの破毀《はき》も際限がなかった。また都鄙《とひ》（都や郡部とか田舎）の迷惑を顧《かえり》みることなく、妄《みだ》りに諸国を奪い、神仏をも恐れぬ仕業に、光秀は信長父子を誅殺《ちゅうさつ》したが、これは諸仏諸天が憎み給うた悪逆非道の報《むく》いなのである。そして光秀は、信長に代わって政道を正し、人心を安《やす》んじ、諸役を免除すると高札を掲げた、と京都での噂を聞いた。

四、天下への号令

天皇綸旨を得た光秀は、光秀の親類・縁者ら諸将に対し「天下への号令」として、求心力となる大義「織田の残党の追討」を掲げ、至急、彼らの上洛や派兵（援軍）を求めるとともに、天皇を奉じた光秀政権樹立のことなども強く発していくのである。

1．親類・縁者らへの協力要請

①書状の宛先

イ．光秀の姻戚関係…細川藤孝・忠興父子、筒井順慶、津田信澄
ロ．光秀配下の与力…池田恒興、中川清秀、高山右近、山岡美作守兄弟ら
ハ．反信長陣営…将軍・義昭、中国の毛利勢、四国の長宗我部、越後の上杉ら

②書状内容

光秀は、信長を征伐したその正当性、さらに織田残党への追討は天皇綸旨に基づく大義であることを述べるとともに、逆賊・織田の残党などを一気に掃討することは勿論、京都を含めた畿内の治安維持、安定化の為にも、右記①に記す武将らに急ぎ「上洛されたい」「援軍を出されたい」旨の要請をする。

要請する上は、ばら撒《ま》き的な主要官職名や今よりも良い所領を付け加えるなどの確約を、明記しておかねばならない。

2．天皇を奉じた光秀政権樹立の広報

元々、京都在住の長い光秀は公家との付き合いも古く、かつ意も通じている。

したがって、光秀が「公武合体した王政政権」移行（樹立）への考えを持っていることは、

公家もよく承知しており、その政権移行への第一段階であるこの本能寺の出来事「政変」には、当然に公家も理解してくれている、と光秀は確信する。

そこで、かような王政政権への移行を指向する光秀は、政変後、そうした体制の政権を急ぎ立ち上げ、公家の筆頭である太政大臣・近衛前久や関白・一条内基らに協力を求め、彼ら公家衆を政権内へ取り込み、「天皇を奉じた光秀政権の樹立」を逸《いち》早く天下に知らしめていかねばならない。

◇◇◇◇◇

以上、光秀が、主君・信長父子を討ち取り安土や畿内を制圧した上で天下を乗っ取り、「公武が合体した王政政権」を指向する光秀なりの政権を樹立していくとすれば（下剋上）、本章に言うような実行手順が、思慮深い光秀の採り得る常識的で最低限の策略（計略）であったろう、と思い巡らすところである。

三章　光秀の行動は、あまりにも無策・無計画

はてさて、それでは光秀が前章に言うような策略（計略）でもって、それらを順次、手際よく実践していったとするならば、光秀は、天下を巧《うま》く手中に収め強固な光秀政権「公武合体した王政政権」を樹立していたかも知れない。

だが実際には、そのような常識的な策略の立案や信長と信忠の動きなどをタイミングよく捕捉していく諜報《ちょうほう》活動もなかったからか、「為《な》さねばならない基本的な手配や行動」などのほとんどが抜け落ちているのである。

一、天下を狙う策略もなかった光秀？

事実、光秀がやったことと言えば、本能寺で信長を弑《しい》し、その後、慌《あわ》てて妙覚寺や二条新御所へ走って行って信忠を殺めたぐらいだ。

取り分け光秀は迂闊《うかつ》だったのか、どの街道も封鎖しなかった。だから一章でも述べたように、京都にいた信長の下男衆が安土へ逃げ帰り、また二条新御所で光秀軍と戦っていた信長の弟・長益も京都から逃げ通していることなどを勘案すると、この秘すべき京都の出来事は瞬《また》く間に四方八方へ伝播して行った、と一存する（後記参照「六章七、」など）。

加えて信長を討ち取れば、光秀は、急ぎ、

イ．謀反を起すに至った縷々《るる》の「説明（弁明）」

ロ．天皇を奉じた「王政政権」構想のぶち上げ

ハ．天皇綸旨を得て、光秀政権「公武合体による王政政権」樹立や織田の残党の追討など

を「天下に号令する」こと、等々

を順々に発する必要もあるが、これらへの対処も全くなかったのである。

二、光秀は、本当に謀反を企てていたのか？

1．光秀の行動は無策・無計画だった!?

これでは、「子供の為だ」とか「憎々しい信長をやっつけるのだ」と言っては謀反を起し、そして、あまつさえ天下を乗っ取ろうと企てる明晰で明敏な光秀にしては、誰が考えても、それはあまりにも短慮にして凡愚《ぼんぐ》な話ではないか……。

これらを考察するに、光秀のその一連の行動とは、正《まさ》しく「無策・無計画」であった、としか言いようがない。

さらに本能寺で、その憎たらしい信長の死亡確認やその遺骸の確保もできなかったのは、これまで誰も指摘していないが、誠に「光秀の落ち度であり大失態」と言うべきであろう。また信忠を難なく始末したとも言うが、それは信忠が光秀の街道封鎖を予覚して京都脱出を諦《あきら》め二条新御所に籠城したからであって（参照「一章二、2.」）、つまり、時運が光秀に味方したと言えよう。

だが、これらも成行き任せの筋書きであり、前述と同様、光秀には何の事前策「手順」もなかったことを恰《あたか》も証しているが如くの、真にお粗末極まりない内容である。

2．歴史が見誤っている光秀の行動 !?

そう見ると、光秀が事前準備もせず、また具体的な行動目標も考えていなかったにも拘らず、「子供の為だ」と称するのは甚《はなは》だ信じ難く、であれば、光秀は、何の為にかような大それた「本能寺の変」を引き起したのだろうか……。

それは、亀山から思い詰めてきた私怨などといった個人的な鬱憤《うっぷん》を単に晴らす為の「思い付きで、かつ盲進的な行動」だったのか。それともそれは、光秀が「突然、誰かに示唆《しさ》されての突飛的な行動」だったのか。

　しかしそこは、言わずと知れた聡明な光秀のことだ。たといそれが光秀の鬱憤を晴らすにしても、あるいは光秀が誰かに示唆されたとしても、意味なく「無策・無計画」で本能寺へ討ち入るような、そんな事前準備も目的・目標もない無謀な行動を採るとは考えられない。しかも光秀を暗に唆《そそのか》したという人物がいるなら、光秀は信長を討ち取った後、間を置かずに「その味方となる人物と連絡を取り合うとか連携するといった動きがあって然るべき」であるが、かと言って、光秀にそういった気配も見られない。

　するとこうした疑念や疑問などが入り混じってくると、光秀が「無策・無計画」で引き起した「本能寺の変」とは、何とも奇怪千万、摩訶不思議であり、畢竟《ひっきょう》、後先も考えていなかったという彼の一連の行動そのものを、我々は一体どう理解すればよいのか判らなくなってしまうのである。

　然らば、先人も我々も、究めていかねばならない事変・政変である「本能寺の変」の脈《みゃく》所《どころ》や核心などを、もしかしてこれまで錯誤し、あるいは見失っているのでは……、といった異な直感すら働いてくる。そしてさらなる予感は、言ってみれば、つまり光秀が本能寺で信長を弑するまで、後述もするよう（参照「五章一、（一）2．①の＊欄」）、「謀反を企てて天下を乗っ取る」（下剋上）という反逆の野心など、光秀に些《いささ》かもなかったのでは……。

別言すれば、光秀が、どんな理由で本能寺へ入って行ったのかは判らないが、しかし寺内で予期せぬ事態が次々起って、その行き掛かり上、結果的に光秀軍が信長を殺めてしまったのではないか……。

そうだとすれば、「本能寺の変」を解明する入口論として、これまで歴史認識と見なされてきた定説「光秀が企てた謀反」は、根底から揺《ゆ》らいでしまう、と思念する。

◇◇◇◇◇

尚、今日まで、謀反を企てた光秀が、実は「無策・無計画で本能寺へ討ち入った」という論を展開した歴史研究など聞いたこともない。

さりとて、ここまで述べた一章と二章を対比すれば、本章で言う、光秀があまりにも無策・無計画で本能寺へ討ち入ったことは「論より証拠」であり一目瞭然だ。逆に、動機も定かでないのに、討ち入り事実だけを見て、端から「光秀が企てた謀反」だと断じてしまえば、事変の真実を見誤っている可能性もある。

そう予覚すると、「光秀が企て（あるいは暗に唆されて）実行した謀反」という歴史認識（定説、通説、固定観念など）は、よけいに音を立てて崩れてしまうのである。

では歴史認識が崩れてしまうと、「はじめに」に掲げた「光秀が企てた謀反」の事由としての怨恨説、野望説、絶望説、武門の意地説、あるいは光秀を煽《あお》って示唆したという秀吉、家康らの黒幕（＝「影」なる人物）説などといった話は、元から存在しなくなる。

そうであるならば、光秀が「六月九日付親書」（参照「一章三、6.」）で、「本能寺の変」を意想外な出来事「不慮の儀」と称したことも、判らぬではない。

本書は、光秀が起した事変「本能寺の変」は事実として認めるものの、しかしその事変が「無策・無計画」で引き起されており、しかもその事由が皆目判らないことから、「光秀が企てた謀反」という既定の歴史認識そのものに異を唱えたわけである。

ついては、これを機に、これまで見過ごし見落とされてきた内容などを推理、検証し、改めて論議を尽くした上で、正真な歴史認識を早急に確立していかなければならない、と本書は主張するものである。

四章　推理（1）…光秀が謀反を企図していなかった事由

それでは、光秀が引き起した無策・無計画な「本能寺の変」とは、一体どういう筋書きや内容であったのか。そして光秀が本能寺で信長を弑《しい》した後、何ゆえに妙覚寺（その後、二条新御所）にいる信忠を討伐しに行ったのか。

そうすると、信長を弑した時点で、光秀の考えや方針などが変わったのではないか……。つまり、光秀は信長に不満を抱いていたかも知れないが、その時点までは弑するつもりなどなかった。しかし本能寺内で、信長と戦うといった全く予期せぬ事態が勃発した結果、光秀軍が信長を弑してしまったのである。

これによって、光秀は主殺しという「不義・不忠の誹《そし》り」を免《まぬか》れんとして、急ぎ信忠も討ち取った上で、天下を狙いにいったのではないか。だから全てが成行き任せとなり、「天下に号令する」ことなどの手配や行動も、後手々々あるいは疎《おろそ》かになったと勘考し、またそのような流れが俄《にわ》かに思い起されてくる。

そこで本章は、こうした観点と史書を照らし合わせ、その流れや状況を見定めつつ、光秀が謀反を企図していなかった事由などを推理してみたい。

一、光秀の命令と、本能寺内における光秀軍の行動

先ず、頓着するのは本能寺内での出来事である。いろいろな巷説もあるが、実際、本能寺内で何があったのかを、史書などを通じて解明しておかねばならない。

ところで、本能寺内での動きを記す史書は、前述した『信長公記』なども含めて少なからずある。しかしながら、当事者（討ち入った者）の証言記録としては、あまり世に知られていない光秀の軍兵・本城惣右衛門《そうえもん》が語ったものを記した「本城惣右衛門覚書」しか、今のところ存在しないのだ。

したがって、この惣右衛門が語った内容については、良く分析しておくことが重要だと考える。

（一）本城惣右衛門が語った内容（覚書）

その覚書の内容とは、本能寺で戦ったこともない連中が、さも戦い大手柄を挙げたといった話を毎々聞くに堪《た》えられなくなって、「それでは本当のことを話そう」と本城惣右衛門が事変後五八年も経った一六四〇年に、当時を述懐したものである。その述懐した内容の大略は次の通り（参考『真説　本能寺の変』など。一部、筆者の解釈）。

尚、覚書の内容と『信長公記』（参照「一章二、1．のイ．」）の伝聞内容を比べると、情況などが大分異なっているので注意する必要がある。

「自慢げに本能寺へ我先に入って手柄を挙げたと言うのは、皆、嘘《うそ》だ。本当のことを言うと、特に信長様を狙うなんて夢にも思わなかった。その時は、太閤様（秀吉）が備中に毛利輝元を討ちに進攻していたので、その援軍に光秀が行く予定でした。山崎の方へ行くと思っていたのに、京都へ命じられた。京都にいるのは家康様と聞いていたので、家康様を討つとばかり思っていた。

しかし本能寺という所も知らず、軍列の中から一番乗りの斎藤利三のご子息と小姓二人の後に付いて寺近くまできた。二人は北の方へ行った。橋の際に人一人がいたので、やっつけてその首を取った。

……開いている寺の門を入ったが鼠《ねずみ》ほどのものもいなかった。本堂の正面から入っていくと、静かで、広間には一人もいなかった。蚊帳《かや》が吊ってあるばかりで、人はいなかったのだ。庫裏《くり》の方から下げ髪の白い着物を着た女一人を捕まえたが、侍《さむらい》は一人もいなかった。女は、『上様は、白い着物をお召しになっています』と言った。それが信長様だとは存ぜず。その女は斉藤利三殿に渡した。ご奉公衆は、袴《はかま》に肩衣《かたぎぬ》で、股立てを取り、二、三人が本堂の中へ入って来た。そこで首を一つ取った。その者は、一人奥の間より出てきて帯もしていなかった。刀を抜いて浅黄色の帷子《かたびら》を着けて出て来たのだ。その時、かなりの人数の我ら味方が入って来て、それを見た敵は崩れたのだ。我らは吊ってある蚊帳の陰に入りこの者が出て来て通り過ぎようとした時に、後ろから斬ったわけだ。

……先ほどのと合わせて侍の首二つを持って戻った褒美《ほうび》（恩賞）は、槍《やり》だった」

1．本城覚書に秘された怪情報？

この右記に言う「本城惣右衛門覚書」の内容から知り得るものとは、次なる点ではなかろうか。

①始めに気付くのは、「本能寺を攻撃しろ！」とか「信長（または家康）を討ち取れ！」といった光秀の勇ましい明確な命令がないことであろう。

それ故に、「本能寺を攻撃しろ！」といった命令も受けていない光秀の軍兵らは、ワーッと大挙して本能寺へ攻め入った様子ではない。それは、門番もおらず開いている門（?）から静かに何かを探索しに入って行った観なのだ。

加えて、彼らは、上様が誰かも教えられていないし、しかも「信長（または家康）を討ち取れ！」といった命令すらも受けていないのだ。

その上、覚書は鉄砲を乱射したことや本能寺が火焔《かえん》に包まれたことも、語っていないのである。

②次に驚くことは、女の話である。仮に、ワーワーと血走り喚《わめ》いている武装軍兵が駆け回っておれば、女は庫裏から出てこないだろう。万一、出て来たとしても、女は絶叫するなど大騒ぎするだろうし、また上様のことなど喋《しゃべ》らないだろう。

しかし、内容はそうでない。女は落ち着いて「白い着物をお召しになっています」と言ったのだ。そうすると女を捕まえたとて、少人数の本城ら武装した軍兵は喚くことなく、「大丈夫か？」と心配顔で覗《のぞ》き込んだからか、女は軍兵を味方と信じ（？）、お守りするべき上様のお姿について、そう応えた、と推し当てる。

③だが本城ら軍兵は、何故だか、その「白い着物を着た上様」を執拗《しつよう》に追い掛けていった様子でもない。彼らは巡回し手柄を挙げ、一番肝心な事態が起る前に早々と引き上げた（？）という、何とも納得し難い内容である。

これらを、どう理解して解釈すればよいのかが判らない。とはいえ、本能寺での出来事を当事者がリアルに語っているのは、これだけなのだ。

もし、この話の一部に事実があると言うなら、即ち何も教えられていない光秀の軍兵らは、信長を討ち取る為に本能寺へ攻め入ったのではなく、何か怪しい者（忍びの者？）を討伐する為に、粛々《しゅくしゅく》と散らばって門も開いている本能寺へ入って行った、としか考えられない。

そうであれば、さような状況判断などから「今、何者か怪しい者・忍びの者などが、手薄な本能寺に潜伏し上様を殺めようとしている……」といった奇想天外な怪情報が、もしや……存在したのではないか（＝仮定）。

そしてその怪しい者から上様を守らんが為に（?）、静かにその見えない敵を討伐しに、光秀の軍兵らが入れ替り本能寺へ入って行った（だから、信長のいない本堂へも本城ら軍兵が探索に立ち入った）、などという例えようのない奇抜な筋書きが脳裏に浮かんでくる。

2. 光秀の目的は、家康を討ち取ること？

ところで気になるのは、フロイスも同様のことを言っているが（参照「一章一、5. の口」）、本城覚書にある「京都にいるのは家康様と聞いていたので、家康様を討つとばかり……」という内容だ。

①もし光秀が、一万三千人もの軍兵を率い、物見遊山の家康（二日前から、堺）一人を討ち取る為に「家康もいない」本能寺へ攻め入ったというなら、それは洛中洛外の大笑い者になる。武将として、歴々たる賢い光秀が、自分の力量や情報収集力の無さをまざまざと世に知らしめすようなそんな恥ずべきことをするだろうか。

②たとい「家康を討ち取れ！」といった信長の特命を光秀が受けていたとしても、僅かな側

近しか連れていない無力の家康一人を討ち取るとすれば、家康が確かに「京都にいる時」に、忍びの者などを使って闇から闇へと葬《ほうむ》っていく暗殺が、当時でも常識であり武将らの採る常套《じょうとう》手段ではないか。

よって、聡明で怜悧《れいり》な光秀が「家康を討ち取れ！」といった命令を下すこともなく、黙って公然と大軍を引き連れ、家康一人を討ち取る為に本能寺へ攻め入ったものの、そこには「家康でなく信長がいた⁉」という近畿管領としての諜報《ちょうほう》活動もしなかった「腰だめ」的な話などは、理解に窮しよう。

それ故に、本城惣右衛門が亀山で聞いた「家康様が上洛している」といった昨今の噂から、「家康様を討つとばかり」と体《てい》よく結び付けたのは、彼の憶測と本書は見た。したがって、ここではそれを検討すること自体、論外としたい。

（二）光秀軍兵らが狙ったのは、誰？

では、光秀が本能寺へ走って行った真意や思惑とは、一体何だったのか。

もし謀反を企て天下を狙うなら、信長を捕縛し信長のこれまでの極悪罪状など（参照「二章三、の＊欄」）を天下に掲げるとともに、その信長の生首を獄門に曝《さら》すことだってできよう。あるいは織田の諸将から手出しもできないようにするには、その間、信長を監禁しておくことも充分考えられる。

いずれにしても、信長の後始末の方法などはさて置き、積怨あれば、例えば、そんな信長を吊るし上げ生き地獄の苦しみを執念深く味わわせんが為にも、信長を捕縛することが当時の光秀の私憤を晴らす一環だったのではなかろうか。

1. 釈然としない光秀軍兵らの行動

そうすると状況として、大した守備兵もいない本能寺で、光秀の軍兵一万三千人の多くが、事前に教えられた御殿内・信長の寝所へ打ち寄せ折り重なって信長を取り押さえるなら、誰が見ても信長捕縛は、いとも簡単である。

だがその信長を捕縛することも、尚のこと信長の遺骸すら見付け出し確保することもできなかったのは、どうしてなのか。

それでは、光秀の軍兵らは、本能寺内で一体「何をしていた……」のだろうか。いやはや、これは何とも妙である。

2. 信長と戦った軍兵らへの疑問

然るに信長の最期を記す『信長公記』(参照「一章二、1. のイ.」)には、後に女などから聞いて書したという信長の勇猛な戦いぶりが記されている。

取り分け、女中衆も逃げず信長に付き添い戦っていたことなどその状況を鑑みれば、大挙して進攻する光秀軍は、しかし一定の距離を置いた戦いであり、即ち軍兵らは信長に迫ったものの襲い掛かって行った様子ではない。それは何を物語っているのだろうか。

①仮に「敵は信長だ！」「信長を討ち取れ！」といった光秀の命令があって、その命を受けた何百人何千人もの軍兵が信長の寝所へ押し寄せ、皆、その寝所の前の表回廊の欄干《らんかん》を次々と乗り越え討ち入って行くならば、たかだか暴れ回る信長一人を捕まえることなど、詮《せん》ないことである。

しかし、信長を捕縛していないということは、つまり誰も表回廊にいる信長に飛び掛って行かなかったのではないか……。

②また信長の寝所に火が放たれたとて、多くの軍兵が直ぐさま寝所へ飛び込めば、傷を負った信長一人を外へ連れ出すことだって可能である。

しかし、信長の遺骸すら確保していないということは、誰も寝所の中まで信長を探しに行っていないと見る。つまり軍兵らは燃え上がる寝所（御殿）の火を、その寝所の前の庭辺りから、ただ単にじっと見ていたのではないか……。

もしそうだと言うならば、軍兵らは敵と見て刃を向け矢を放ちその敵に重傷を負わせた後、その敵が、実は「上様だ」「信長様だ！」と知ったのではないのか。

そこで軍兵らは、「大変なことを為出《し》かした……」と気が動転震駭《しんがい》し茫然自失となったから、それが故に、信長を捕縛することも信長の遺骸を見付け出し確保することもできなかった、と思いやる。

3．敵は本当に信長だったのか？

右記2．で、光秀軍兵は信長の身柄も確保し得なかった状況を推し量ったが、そう考えると、それでは「敵は本当に信長だったのか？」である。

①光秀は、はっきりと「敵は信長だ！」と命じたのか？

そもそも光秀は本能寺への突入時に、軍兵らにはっきりと、「敵は信長だ！」「信長は御殿内の寝所にいる」「阻止する者（兵）は誰もいない」「信長を捕えた者には褒美《ほうび》を取らす」などといったことを命じていたのだろうか。

もし光秀が、そのことを軍兵らに明確に命じていたなら、大手柄を挙げ褒美を貰わんと、軍兵らは（本城惣右衛門らのように本堂などへ立ち入ることなく）指示された目標である信長の寝所へ我先となって一直線に突撃して行くだろうし、「信長だ！」と判れば、尚さら折り重なってでも信長を捕縛したであろう。
また寝所で火の手が上がったとしても、梁《はり》が崩れ落ちてくるまで、死も恐れない手柄を挙げたい一心の軍兵らは、手勢のない傷を負った信長への追撃の手を弛《ゆる》めることなく競ってその身柄を確保しに行ったであろう。

これらを勘案するに、光秀は突入時、「敵は信長だ！」という命令や信長の寝所の場所などを一切発していなかった、と考える。そうであれば、本城覚書に言う「上様が信長様だとは存ぜず」などといった話も、あながち無視できなくなる。

然らば、敵は誰なのか……。光秀の軍兵は、誰を討ち取る為に本能寺へ入って行ったのか、だ。これこそ、いよいよもって正にミステリーである。

②敵は、当時、暗躍していたと思しき「忍びの者」と見た可能性？
そうすると、例えば前述（本章一、（二）1．の後投）した奇想天外な怪情報「忍びの者な

どが本能寺に潜伏し上様を殺めようとしている」（＝仮定）の内容も、もしかして「仮ならず」に現実味、真実味を帯びてくるのではないか……。

では、当時、忍びの者の存在が考えられたのかどうかを検討してみたい。

話は少し遡《さかのぼ》るが、信長の二男・信雄《のぶかつ》が三年前の一五七九年九月、勝手に伊賀の国を攻めたものの伊賀忍者らの術中に嵌《はま》って惨敗し多くの将を失った。この体たらくに怒った信長は、昨年九月、報復に燃える信雄を総大将とした織田の大軍を伊賀の国へ差し向けたのである。伊賀の国は、瞬《また》く間に平定された。

だがこの時、徹底抗戦した伊賀忍者の頭領の一人・百地丹波《ももちたんば》らに率いられた数多《あまた》の忍者に非戦闘要員である女・子供までが、織田軍に容赦なく片っ端から斬り捨てられたという。

※伊賀忍者の抵抗――

一五八一年九月三日、織田信雄率いる織田軍五万人が、四方から一斉に伊賀の国へ攻め入った（参考『信長公記』）。これに対して、伊賀忍者の頭領の一人・百地丹波は、忍者らを率い織田軍に徹底抗戦した。しかし忍者以外にも多くの者が討ち取られ、一〇月二八日、最後の砦・柏原も陥落したことで、伊賀の国が完全に制圧されてしまったのである（参考『伊

賀甲賀 忍びのすべて』。尚、後に家康の家臣となった服部半蔵も伊賀忍者の一人だと言われている）。

したがってその百地らの生き残った残党どもが、同志や一族郎党の仇討だと称し、信長の生命《いのち》を執拗に狙っていることだって、想像するに難《かた》くない。

かような時代背景から、本書は、復讐しようとする伊賀忍者の暗躍を匂わす怪情報の存在も、否定できないと予覚した。

それ故、そうした暗躍の話を時に聞く光秀は、「伊賀の忍者どもが手薄な本能寺に潜伏し上様（信長）の生命を狙っている」と教唆《きょうさ》され、その教唆に突き動かされた光秀が、急ぎ本能寺へ駆け付けて行ったとしても不思議なことではない。

即ち、突き動かされた光秀は主君・信長を守る為に、勢い「怪しい者・歯向かってくる者は、討ち取れ！」といった命令を、もしや……光秀軍兵に下していたのではなかったか、と当時の状況や光秀の様相を心任せに垣間見る次第である。

(三) 予見される本能寺内での出来事「不慮の儀」

それでは、本能寺内での出来事について、ここまで種々僅かな可能性も無視することなく推理してきた内容を、流れに沿って整理しながら纏めてみよう。

①要するに、光秀の軍兵らは光秀が命じた敵「怪しい者・歯向かって来る者」を討ち取る為に、開いている門(?)から静かに本能寺へ入って行った。

ところが、軍兵らの玉砂利《たまじゃり》を踏みしめる足音に気付き寝所から出てきた信長は、光秀の軍兵を狼藉者《ろうぜきもの》と見て、表回廊の欄干に左足を乗せながら「これでも食らえ！」と言って矢を放ったのである。

②寝所の回廊の方から矢が次々と飛んでくるのに驚いた光秀の軍兵らは、光秀の命令通り、「歯向かってくる異形相の怪しい者」(信長)へ応戦した。そして軍兵らの放った矢が信長

に当たったのだ。

そこで信長は、「狼藉者、信長と知ってのことか！」と大音声《だいおんじょう》で一喝した。その一喝が終らない内に、さらに何本もの矢が信長に的中した。

だが「信長」と聞いた軍兵らは、顔を見合わせるなり、たじろんだ。それは、信長を敵「怪しい者・歯向かってくる者」と見誤って戦い、その上、信長に瀕死《ひんし》の重傷を負わせる大失態を演じたからである。
③寺内を隈なく探索していた他の軍兵らも、この騒ぎを聞き付け次々と集まってきた。寝所の前の庭を埋め尽くすほどの人数を見た信長は、「最早、これまで……。『是非に及ばず』。こ奴ら狼藉者に我が身が弄《もてあそ》ばれては末代の恥」と言い残すなどして、お小姓らに担《かつ》がれて寝所へ入った。
寝所の障子が閉められると、信長は部屋に火を放つよう命じたのである。そして覚悟を決めた信長は、自害した。
④軍兵らは、「上様、信長様を殺めた」「大変なことを為出かした……」と口々に言っては気が動転し茫然自失となった。たとい信長を助けたとて、打ち首、焼き殺しなどで、皆、殺

されてしまうことに代わりはない。

だから軍兵らは、寝所から火の手が上がって建物「御殿」が焼け崩れようとしても、如《い》何《かん》ともし難く、ただじっと見ているだけで、どう対処してよいのか判らなかったわけだ。

当然、信長の遺骸は、崩れ落ちた建物の下敷きとなり、燃え尽きてしまった由である。

§　§　§　§　§

以上、これまで不明瞭であった本能寺内での出来事とは、本城覚書の状況など一部参考としているが、大筋、右記（三）に述べた如くの内容であったと考える。

就中《なかんずく》、事変の趨向《すうこう》は、「本能寺に忍び込んだ敵から主君・信長を守る」という趣意で光秀が意気込んで本能寺へ駆け付けたが、寺内で信長と戦うといった予期せぬ事態が勃発したことから、光秀軍は敵と見誤って信長を殺めてしまった、とその内実「不慮の儀」を窺知するものである。

二、本能寺の外での光秀の決断…「天下取り」

次に、光秀が信長を弑した後に、どうして信忠をも討ち取りに行ったのか、を推理してみたい。

1．信長を殺めたことを知る

広大な本能寺の外で、光秀は主君・信長を守る為に、「忍びの者全員を討ち取りました」という先遣隊などからの吉報を心待ちしていた。その光秀の許へ、騒ぎが聞こえる本能寺内から軍兵が血相を変え報告に走って来たのである。

その報告を聞くなり光秀は、「何と、何と……、上様を殺めた、と……」と言っては、慌《あわ》てふためき狼狽《ろうばい》した。と同時に、本能寺の御殿から火柱が勢いよく立ち上ってきた。

2．光秀の不安

意想外な事態を察した光秀は、一気に言い知れぬ怖れを抱いた。

それは、主君を殺めたということで武将として最も恥ずべき「不義・不忠」の汚名を、光秀は被《こうむ》るからである。そしてこの本能寺の出来事を妙覚寺で聞き付けた織田の総大将・信忠は、手薄で防御も弱い妙覚寺を脱し、「父の仇討！」と大義を掲げて、取り急ぎ大坂にいる信孝など近隣の兵を集め、大悪人・光秀を征伐しにやって来るのではないか。さらには美濃や尾張などで待機する三万人の信忠軍も京都へ引き入れてこようか。そうなれば、光秀軍は最悪の結末「全滅」となる。

よって、理由はともかく本能寺へ攻め入り、その上、思いもよらずに主君を殺めてしまった自分が惨殺や処刑されるのは致し方ない、と光秀は悟って諦《あきら》めた。

とはいえ、それは自分だけに止まらず、二年半前に謀反を起した荒木村重の一族と同様、「自分の家族や一族郎党までもが磔《はりつけ》になったり焼き殺されてしまうのでは……」と光秀は思うと、誠に可哀想で、いた堪《たま》れずに身悶《みもだ》えた。

＊『信長公記』…荒木村重一族の凄惨《せいさん》な公開処刑――

一五七九年一二月一三日、信長の命を受けた滝川一益や丹羽長秀らが行った荒木一族への処刑は、次のような惨《むご》い様子なのであった。

イ．一二二人もの荒木一族の婦女子（幼児は母親に抱かせたまま）を磔に架け、鉄砲でもって次々と撃ち殺したり、槍や長刀《なぎなた》でもって刺し殺した。

その一どきに悲しみ叫ぶ声は天にも響くばかりであって、見る人の目も霞み心も消え入って、恐ろしさに涙に咽《むせ》んだ。

ロ．さらに、この荒木一族に仕える女三八八人、男一二四人の合計五〇〇人余を四つの家の中に押し込め、周囲に草を積んで焼き殺した。

（その情況は）風の回るに従って、魚ののけぞるように上を下へと波のように動き、焦《しょう》熱《ねつ》・大焦熱地獄そのままに炎に咽んで躍《おど》り上がり飛び上がった。その悲しみの声は煙とともに空に響き、焦熱地獄の獄卒《ごくそつ》の責めを目に見るようである。

人々は、すっかり肝を潰《つぶ》してしまい目を覆《おお》い、二度と見ようとする人はいなかった。

その哀れなことは語り尽くせるものではない。

3．信忠も始末しての天下取り

そこで光秀は、「明智の家族や一族郎党が、そのような凄惨な生き地獄の苦しみを受けな

い何か良い方策がないものか」と思案した。そして光秀は、

「それならば、この際、信忠が妙覚寺を脱する前にそこで信忠を始末し、その上で自分が天下を乗っ取れば、不義・不忠の汚名を被らなくて済むし、皆の生命も助かるのだ……」

といった自身の行為を正当化させる口実を咄嗟《とっさ》に思い浮かべた。

かように意を固めて気を取り戻した光秀は、茫然自失の軍兵らに「天下は目前だ！」と士気を奮い立たせつつ、今度は「敵は、信忠！」と明言、そして万人を率い妙覚寺（その後、二条新御所）へ矢のように突っ走って行ったのである。

したがって、光秀が本能寺で心ならずも信長を殺めた時、我が身のことより、家族や一族郎党のことなどを考えた末の最善策として、「この際、逸早く信忠も始末した上で天下を手中に収めることだ」と、ここで初めて光秀は天下取りを意識したと推し量る。

然るに光秀にとって運が良かったのは、信忠が光秀の街道封鎖を当然の策と予覚し、京都

を脱することなく妙覚寺から堅固な二条新御所へ移って籠城した、ということであった。

尚、この二条新御所の戦いを覚書で語っていない本城惣右衛門は、信忠討伐に参加することなく本能寺に残って信長遺骸の探索に従事した、と勘考する。

§ § § § §

以上、今まで歴史的な事実として漫然と受け入れ認識してきた「光秀が本能寺と妙覚寺を同時に取り囲まなかった」真の理由や、「光秀が何時から天下を意識したのか」といった経《い》緯《さつ》も、それは右記二、の1.～3.にいうような状況内容であった……、と論点を整理しつつ所述するものである。

三、本能寺まで、光秀を操っていく術策

ここまで、光秀が本能寺で信長を殺めてしまったことは、種々状況判断の結果、「それは

光秀の本意・本心ではなかった」と筋道を立てながら論じてきた。言い換えれば、それはこれまでの歴史認識や通説と全く異なった展開、即ち「光秀意志による謀反ではなく光秀の不本意によって『本能寺の変』が引き起されてしまった」（つまり、光秀が言う「不慮の儀」）、ということなのである。

それでは、どうして光秀の不本意によって「本能寺の変」が引き起されてしまったのであろうか。とはいえ、その不本意なる光秀を巧妙に欺《あざむ》く具体的な「事の始まり」（入口論）が究明されなければ、「本能寺の変」の真相は判らない。逆に、そのような光秀を欺く術策などが突き止められず入口論も解明できないなら、本論は砂上の楼閣《ろうかく》であり空理空論となる。

よって本項では、光秀が怪情報などで教唆されて亀山から京都・本能寺へ仕方なく誘導されて行ったと思しきそうした類《たぐい》の術策を、推理してみたい。

（一）使僧の密書「信長の閲兵《えっぺい》」？

先ずこの推理を展開するにあたって注目したのが、今まで論議されたこともないと思慮する『信長公記』（参照「一章一、5．のイ．」）の一節だ。

それは、光秀が信長の出兵命を受け、備中・高松で布陣する秀吉を支援しに、六月一日の夜に入ってから（二〇時頃）、一万三千人の軍兵を率いて亀山を出陣した後の件《くだり》である。つまり光秀は、謀反を企てていたことをカムフラージュする為に、二度も方向を変える行動を採ったのだという。その二度も方向を変えた箇所の文面とは、次の通り。

イ．一度目は、「……（西進中の）途中から引き返して、馬首を東に向け変え……」

ロ．二度目は、「『……山崎を経て摂津の国へ出兵したい』と軍兵たちに触れおいて、……（沓掛で山崎方面に行かず）道を左へ下って、桂川を越えた……」

ところで光秀は事を起すにあたって、右記イ．の如く、よもや夜中に兵を疲れさせるような、途中で「引き返す」といった愚計を巡らせた安直な行動を採るものだろうか（尚、同種の記述は、次項②の＊『織田軍記』欄にもある）。

夜の行軍は、理解できなくもない。六月一日といえば、注2にも記すよう新暦では夏至《げし》（昼の最も長い毎年六月二二日頃）も過ぎた六月末日であり、梅雨期もピークを過ぎてきたムシムシとした夏季だ。

そんな夏の昼間炎天下での長行軍は、軍兵らが疲労困憊《ひろうこんぱい》の極に達して動けなくなる為、絶対に長行軍などやってはならない、と言うのが中国の兵法書『孫子』や『呉子』の教えるところである。

①さて、謀反を起そうと考えている光秀が、そのことを押し隠す為に、兵の疲労も考えずに二度も方向を変えたのは、光秀の謀反を軍兵らに悟られないようにする為であった、と疑念なく一般的に理解されている。

それでは、光秀はフロイスも言うよう（参照「一章一、5．のロ．」）、信長や信忠らに内通する密偵（スパイ）などが光秀の重臣とか軍兵の中に混じっていることを懸念したから、そんな行動を採ったというのだろうか。

もし謀反の漏洩を危ぶむなら、光秀は事前に精鋭一〇〇人ほどを京都の入口・桂川の橋の手前辺りで、密告しようとする密偵らを抹殺せんが為に、身を隠させ配備しておくことだって考えられよう（参照「二章一、1.」）。

だがそんな事前手配の動き（記録）もないことは、密偵らのことなど光秀の念頭になかったと思い為す。そうであるならば、何ゆえに光秀は二度も方向を変えたのか、である。

そう考えると、その時、光秀に方向を変えさせる何らかの格別な事情が発生したのではないか……。

②そこで、二度目での方向変更時の事情は後に説明するとして（後記参照［「六章二、③」～「六章三、①」］）、一度目での方向変更時の事情としては、「信長の光秀軍閲兵」といった話を何時ぞや耳にしたことを想起した。

それは、光秀の知る本能寺の使僧が、信長の言付《ことづ》け書状を携《たずさ》え急ぎ光秀の許へやってきた、という戦局を無視した奇異な話である。

それも本項の格別な事情に照らし合わせた情況は、光秀が大軍を率いて亀山から三草越えで備中・高松へ進軍している途中だ、と一考する。そしてその言付け書状の内容とは、例えば「信長が、光秀軍を京都で閲兵したい」、と。

そのようなでっち上げた書状が、事実あったのかどうかは判らない。

しかしながら「火の気のない所に煙は立たぬ」と言われるように、その種の話は『明智軍記』など左記＊欄の五つの史書に記されている。その話を頭から信じるわけではないが、そうした「信長が、光秀軍を京都で閲兵したい」といった書状（怪情報）を光秀が受け取ったからこそ、光秀は、致し方なく軍を「京都方面」へ方向を転じた……、と本書は理解し納得してしまうものである。

＊『明智軍記』…信長、光秀軍を閲兵する話（同旨『絵本太閤記』）――

諸軍勢がこの形勢《けいせい》を見て、中国への出陣ならば、播磨路へこそ赴くべきに、只今の上洛は、不審多きこととなりて、物頭に向かいその様を尋ねしかば、侍大将これを聞き、偽《いつわ》って申しけるは、「信長公仰せ出さるるは、路次の程廻りなれども、当手の武者押し京都にてご見物あるべき旨につき、一度京都へ押し入るなり」と答えければ、諸軍、実《げ》にさることもこそとて、何心もなく、終夜《よもすがら》、駒を早めて都近くぞ上がりける。

＊『当代記』――

光秀は、「明日、中国へ打ち立つべき人数を、信長の御目に掛かるべし」と披露した。

＊『川角《かわすみ》太閤記』――

六月一日午後四時頃、家中の物頭に、光秀は、「京都の森お乱（蘭丸）の所から、『上様のお定めでは、中国への出陣が用意できたならば、軍勢や家中の馬の様子をご覧になりたいから、早々に軍勢を召し連れて上がられよ』という飛脚が到来したので、そのことを相心《あい》得られ、これから武者として奮い立つことが肝要である」と申し伝えた。

＊『織田軍記』――

今夜光秀多勢を卒し、中国出勢の行粧、大臣家（織田信長）へ御目にかかるべき為（閲兵）、上洛の由披露せしめ、亀山より中国への道筋三草越えより取って返し、東面に馬を向け大江山を打越え左へ下って桂川を渡り越えた。

（二）使者の伝言「信長が危ない！」？

次に、京都に着いた光秀が本能寺へ行くまで、主要街道を封鎖するといった動きもなく、無策・無計画な状況であったことは前述した。それでは何ゆえに光秀は、見境もなく本能寺へ駆け付けて行ったのか……、である。

この辺りの光秀の心境や状況を記した史料などは、当然のことながら皆無だ。そこで、光秀を本能寺へ向かわせた格別な事情などを推察してみたい。

①光秀の軍は、『信長公記』にも言うよう、東の空が白んできた六月二日の明け方（四時前）、桂川を越えてきた（参照「一章一、5．のイ．」）。

②一説によると、光秀軍は、桂川を渡った時点で、馬の嘶《いなな》きや肥爪《ひづめ》の音を消す為に、馬の口を縛り足には草鞋《わらじ》を履《は》かせるなどして、態勢を整えては静かに本能寺へ向かった、とも。

③だが実際には、光秀は夜通しの長行軍の疲れを癒《いや》し英気を養う為に、この地で全軍を集結し休息を与えようとしたのではないか。それも右記（一）に言うような「信長の光秀軍閲兵」に時間的な余裕もあったからだ、と考える。

④ところが……である。ここで意想外な事態（事情）が発生したのではないか？
即ちその時、光秀の知る公家の使者が血相を変え、使者の主君から光秀への伝言である

として、

「今日の明け方、忍びの者が軍兵もいない手薄な本能寺で上様（信長）を殺めるというとんでもない企てを耳にした。しかしながら、我ら公家で上様をお守りすることなど如何《いかん》ともし難く、そこで光秀殿が閲兵で入洛する話を思い出したので、急ぎお報せする」

と喘《あえ》ぎながら周りを気にして光秀の耳許《みみもと》で言うのである。そして使者は、「とはいえ、時間がありません。上様が心配です」と呟《つぶや》きつつ、さらに、

「但し、大騒ぎになると敵も何を為出かすか判らないので、静かに本能寺を取り囲み、その上で敵を一人《いちにん》たりとて逃さず、そして上様に危害が及ばぬよう、そんな輩は一刻も早く討ち取ってもらいたい」

と息衝《つ》きながら、主君の伝言を光秀に伝えた……。

そのような使者のでっち上げた伝言（怪情報）が、事実あったのかどうかは判らない。さりとて、光秀が、

イ．無策・無計画で状況認識もなく本能寺へ駆け付けて行ったこと
ロ．「敵は信長だ！」と命じていないこと（参照「本章一、（二）3．①」）
ハ．当時の時代背景から判断、信長に復讐を誓う伊賀忍者らの動きを少なくとも予見していた可能性もあること（参照「本章一、（二）3．②」）

などを勘案すれば、やはり、そういった使者の分秒を争う急迫した偽《にせ》の伝言「光秀を本能寺へ突き動かすような教唆」があったのでは……、と意を強くする。

そうした伝言を聞いて驚く光秀は、「上様の一大事！」と発しつつ右記②のような物音も立てない態勢で、その上「怪しい者・歯向かってくる者は討ち取れ！」と軍兵らに命じて本能寺へ駆け付けて行ったのではないか。

そして光秀の先遣隊が、早暁四時半頃、「怪しい者（忍びの者）」を討伐する為に、何故だか門も開いている本能寺へ静かに入って行った、と察するものである。

◇◇◇◇◇

以上、これまで、光秀が信長に怨念を抱くなどして謀反を企て、その上、あまつさえ天下を手中に収めたいと断じてきた歴史認識はあるが、しかし「はじめに」に言うイ．～ニ．の項目や、光秀が「本能寺の変」を「不慮の儀」と称していることなどに、歴史研究者らは何ら究明もしてこなかった。この無責任さには痛憤《つうふん》する。

したがって、そのような項目などに触れることなく、歴史研究者らが単に「光秀が企てた謀反」と短絡的に極め付けていくなら、それだけでも、歴史上、大問題であろう。

本書は、三章に言う光秀の「無策・無計画な行動」から、「光秀が謀反を企てていなかった」と仮説を打ち立てた。そしてその仮説を立証する為に、本章では、史料群や時代背景にスポットライトを当てながら、思いもよらない二つの怪情報（「偽の書状」と「偽の伝言」）があった、と推し当てた。

それ故に、「本能寺の変」の事の始まり（入口論）とは、光秀が偽書状「信長の光秀軍閲兵」によって京都へ来て、さらに偽伝言「忍びの者の本能寺への潜伏」によって主君・信長を助ける忠臣としての役儀を果そうと、急ぎ本能寺へ駆け付けて行ったもの、と見定める。

しかしながら信長から戦いを挑まれるという予期せぬ事態が、本能寺内で勃発した。何も知らない光秀軍は、そのどさくさの中で、信長を敵「怪しい者・歯向かって来る者」と見誤って殺めてしまった（光秀が言う「不慮の儀」）、と読み解いた。

かような情況判断などで、真相「本能寺の変」を新たに形成し見極めたことから、本書は、これまで四〇〇年もの間、歴史認識として既定されてきた「光秀が企てた謀反」を否定するに至った次第である。

五章　推理（2）…光秀を操る首謀者の存在

それでは、光秀を「本能寺の変」（いわゆる謀略ストーリー）の主人公に仕立て上げていったのは誰なのか……。そこで本章は、そうした光秀を騙《だま》して操《あやつ》ったと思しき「影」なる人物や当時の背景などを推理、推測してみたい。

1．光秀を唆《そそのか》して操ったと疑われている人物（消去法）

ところで、本能寺まで光秀を操っていく術策とは、大胆かつ大掛かりである。それ故これほどの策を巡らす人物は、京都市中にいないと指図も出来ないと考える。

つまり光秀を騙して操った「影」なる人物とは、「京都にいて」、信長が手薄で本能寺に宿営していることを確知の上、しかも巧妙な謀略ストーリーを半日ほどで策定し、そしてそのストーリー通りに事が遺漏なく運ぶよう、光秀を誘導する使者や機敏で腕が立つ術者を自由に扱えた者ではないか……、と推し量る。

そうならば、信長の予定とか信長が手薄で上洛したことを知る由もない「京都にいない」秀吉や家康、さらには「信長追討」の檄《げき》を飛ばす一五代将軍・足利義昭あるいは一向宗・教如も、「影」なる人物としては端《はな》から対象外である。

また、「京都にいる」からと言って、こうした戦乱の世を一刻も早く鎮めたいと願っている天皇は、信長の「布武天下」（参照「注5」）完遂に期待しているし、その期待の大きさは、左記の＊欄および※欄の内容にも際立って顕われている。したがって「影」なる人物としては、天皇も対象外である。同じく誠仁親王も、後記「七章2.②」に言うように、その「影」なる人物としては対象外であろう。

＊『ドキュメンタリー織田信長』…信長の天下統一に力添えされる天皇――

①信長が天下の為に戦う時には、天皇は、公家らに相談することなく、神鏡のある宮中内侍所《ないしどころ》で「信長の戦勝」を祈願され、また武家の崇敬も深い石清水八幡宮にも命じ、法楽を奏《かな》でて「信長の戦勝」を祈らせた。

それが記録されているものとしては、朝倉との戦い、石山本願寺との戦い、紀州雑賀衆との戦い、武田との戦い、信長に謀反した荒木村重との戦い、である。

②そして信長が打つ手なく戦況が膠着《こうちゃく》している時、あるいは戦況の激化が予想される時には、天皇は、勅使を遣わし勅命をもって両者を和解させた。

それが記録されているものとしては、比叡山中に立て籠った朝倉・浅井軍を信長が包囲し続けた時、信長と将軍義昭が一触即発の時、信長が石山本願寺を攻め倦《あぐ》んだ時（四度）であり、これで信長は窮地を脱していったのである。

③さらには、天下に雄飛していく信長を、天皇がバックアップする為に、「信長はただ者ではない！」といった評価や権威を信長に与えては世に知らしめ（印象付け）、「布武天下」をやり易く、しかも早く成し遂げさせようとした。

それが記録されているものとしては、信長への相次ぐ位階・官職の授与、および東大寺正倉院が厳封する秘宝「蘭奢待《らんじゃたい》」の切り取り許可、である。

※信長の死を悼む、天皇の勅宣――

一五八二年一〇月九日、天皇は、信長葬儀（一五八二年一〇月一一日〜一七日）に先立ち、勅使を遣わし、信長の功績を称え、しかもその死を悼《いた》む勅命を宣するとともに、諡号《しごう》などを下された（参考『ドキュメンタリー織田信長』）。

①勅宣（『織田軍記』『大日本史料』）

一人扶翼《ふよく》（帝の思いを一人で叶えようとすること）の功を策し萬邦鎮撫《まんぼうちんぶ》（天下諸国の戦乱を鎮め民を安《やす》んじること）の徳を数えず、寔《まこと》これ帝の重臣・中興の良士なりと思いしに、計らずも天運相極めて、これ命、空を逝《い》きぬる。昨は、旌旗《せいき》を東海に輝かし、今は晏駕《あんが》を西雲に馳《は》す。ここに崇号を贈りて冥路《めいろ》を照らすことは、先王の令典、歴代の恒規《こうき》たり。故に、これを以って重ねて、太政大臣従一位に上げい賜う。

②諡号と贈位贈官（参考『織田軍記』）

右記①を受けて、天皇は故・信長に対して、諡号「総見院殿贈大相国一品泰巌大居士《そうけんいんでんぞうだいしょうこくいっぽんたいがんだいこじ》」を授けるとともに、「従一位太政大臣」を贈位贈官された（大相国＝太政大臣）。

尚、キリシタン宣教師の「影」なる説も囁《ささや》かれるが、しかし『フロイス日本史』に、それらしき企てや動きの記述もないことを勘案すれば、これも対象外と見る。

2．疑わしきは、公家⁉

すると、残るは、公家ということになる。

そこで観点を変えて鑑《かんが》みるに、信長が天下を統一し国内が住み易い平和で豊かな「泰平の世」となると、困り果て憂苦するのは、もしかして、公家ということも考えられなくはない（仮説「公家説」）。

というのは、「泰平の世」を迎えるに当たって、悪しき弊習《へいしゅう》や守旧《しゅきゅう》、権勢などは打破、打倒され、よってそれらにしがみ付く公家らは不用になる（＝公家不用論、公家制度廃止論）、といった不安が公家の間に蔓延《まんえん》していた可能性だってある。

そう考えると、その不安の根源（即ち、天下統一を目指す信長）を除去する為に、公家が光秀を操りながら「本能寺の変」を引き起したのでは……、と勘繰《かんぐ》りもする。

そうした予感などが生じてくると、本論冒頭でも述べたように（参照「一章」）、近衛前久や吉田兼見の種々不自然な動きも、よけい目に付いてくる。

一、光秀や公家らの秘された思い、意図など

この「公家説」という仮説に説得性や納得性があるのかどうかを、当時の事相なども照らし合わせて、光秀の考えや思い、光秀と公家の関係、さらには公家の不安といったことを整

理しながら論じてみたい。

(一) 光秀の思いは、「公武合体の王政政権」の樹立

1. 聡明な光秀の思い

京都住まいの長い光秀は、史料などにないが、元々、戦乱を鎮《しず》めた上で、天皇や公家らを蔑《ないがし》ろにする幕府(武家)政権から天皇を中心とした「公家と武家が協力し合った王政政権」への移行を指向していた、と一存する。

つまり天下が統一され平穏を取り戻した時、奉じた天皇を主体に、合体した公家と武家(いわゆる公武)が「為政の重責を担《にな》う国家体制の政権」を樹立することによって、皆々の懇望する「泰平の世」なる社会が初めて実現し、それが末永く維持され継続されていく、と考えていた。

それ故、そういう体制を築く為に、見識ある光秀は、かような戦乱・大乱の世を何として

も早く鎮定《ちんてい》しなければならない、との強い信念を固持していた。その信念を貫こうと光秀としては、何はともあれ「天下統一」という覇業《はぎょう》達成に励む信長に身魂を投げ打ち額《ひたい》に汗していたわけである（参照「次項2．①」）。

それでは光秀が思い描く「公武が合体した王政政権」下での社会「泰平の世」とは、一体どのような様態《ようたい》なのか……。

それは信長が狩野永徳（？）に描かせ、一五七四年三月、上杉謙信に贈呈した屏風絵《びょうぶえ》「洛中洛外図」（参照「左記の※欄」）に、光秀はその思いを重ねていた。

＊『上杉家御年譜』――

信長より使節到来す。濃彩《のうさい》の屏風二双《そう》贈らる。一双（一隻《せき》とも言う）は落陽の名所（「洛中洛外図」）、一双は源氏（「源氏物語絵図」）を画く。狩野源四郎貞信（永徳？）の筆なり。墨妙《ぼくみょう》精工にして見る者を驚かす。管領（謙信）も弥《いよいよ》信長の深情を感じ給う。

※「洛中洛外図」とは（参考『名宝日本の美術 25』）――（要約）

屏風には、右隻第一～第六扇、左隻第一～第六扇（隻とは左右をもって一対）があり、その左右合計面積は、凡《およ》そ畳七畳分ほどである。そこに描かれている人数は二、四八五人で、その内訳は、男性一、九六八人、女性三五四人、幼児一二五人、判別不明三八人だ。

絵には、金を多量に使った眩《まばゆ》いばかりの金ずくめの装飾（金碧《きんぺき》濃彩）で、雲間隠れに京都の景観が濃絵《だみえ》で所狭しと、それぞれの町並みや人物などに、当時の社会、経済、文化なども細密に活写され、また全画面に豪快さと迫力、雄大さなどが横溢されている。

その特色としては、四季折々の年中行事や祭礼（節会《せちえ》、左義長《さぎちょう》、祇園《ぎおん》絵、花見など）、名所、御所や将軍館、神社仏閣などの建物、さまざまな階層や職業の老若男女の服装とか生活振りの様子（内裏《だいり》での公家に、庶民らの米屋、魚屋、床屋、百姓の稲刈りなど）、僧侶や参詣人とか旅人、あるいは動物（牛、馬、猿など）や植物（松、梅、桜など）が、巧く配され合さっているのである。

そしてこの絵は、室町時代後期の風俗が、自由闊達《かったつ》な描写で繰り広げられ、見る者には強烈な印象を与えた、といわれている。また、この絵は、安穏で華やかな作風に庶民的な行事にも関心を強めているところから、公武一統政権を樹立した後の天下を絵したとも評されているものである。

換言すれば、光秀としてはこれから天下を統一していく信長の力量によって、天皇を支える公家と武家がお互いに相和《あい》し、しかもそれぞれの領分や役割を弁《わきま》え担いながら、その結果から生まれ出てくる社会、即ち「皆々が平和に豊かに和気藹々《あいあい》と暮している光景や姿」（＝

「泰平の世」）を昂然と見遣っていた。

2．光秀の焦《あせ》り

しかし近時、信長が目指し成そうとしている天下統一後の国家体制とは、「公武合体した王政政権」実現への方向なのだろうか。それは、光秀らが思い描いている天皇を拝し支えるといった体制と違うのではないか……、と疑いを持ってきた。

そこで光秀にすれば、やはり良識ある公家と情報を交換し、公家と武家が合体し協力し合えるとした「政権構想」を何とか模索しておかねばならない、とその思いを募《つの》らせていた。

①信長だけが、今、天下を統一し得る人物

そうは言っても、こうした群雄割拠《ぐんゆうかっきょ》の戦乱の世を終息させるには、今、信長抜きでは到底考えられなかった。

したがって光秀としては、前述もしたが信長の手で天下が統一されるまで、現実的には丹波で善政を施すなど、左記＊欄の通りに信長の股肱《ここう》の臣となって刻苦勉励、粉骨砕身しよう、と意を決していたわけである。

＊『明智光秀』…一五八一年六月、光秀制定「十八ケ条家中軍規」の末尾文——

自分は石ころのように落ちぶれているところを信長様に召し出され、その上、莫大な兵を預けられた。武勇無功では国家の費《つい》えとなる。だから上様の御恩に報いるよう、（股肱の臣となって）粉骨砕身しよう。

②急ぎたい「政権構想」の策定

だが光秀は、そのように信長に従いつつも、片や公家とも意を通じた上で、戦乱の世が終息した時の「王政政権への移行」について、より具体的な実行計画や枠組み「王政政権の構想」を事前に早く作り上げておかねばならない、という焦慮《しょうりょ》の感にも駆られていた。

かような思いや焦りなどもあって、光秀は、公家の中でも天皇に最も近い存在である太政大臣・近衛前久（故・一三代足利義輝の義弟）とか、大納言・観修寺晴豊（誠仁《まさひと》親王の義兄）、有職故実《ゆうそくこじつ》などに明るい神道家で神祇《しんぎ》大副・吉田兼見（吉田神社の神主）らと、折節《おりふし》、漠然とではあるが密かに意見を交えていた、と思惟するところである。

（二）公家の不安と、その解消策「信長を何とかせねば……」

一方、公家にも少なからずの不安があった。

1．「泰平の世」の到来で、排斥《はいせき》されるのが公家？

①信長がこの戦乱の世を鎮める為に、天下を統一しようと粉骨砕身、東奔西走していることは判っている。しかしその信長が、時にして次なることを言う。

「天下を統一して『泰平の世』なる社会を迎えるには、旧来の弊習や悪しき権勢に、悪政とか虐政などは百害であるから、今後そういったものは、逸早く打破し撲滅していかねばならない」

こういったことを不時に聞き込む公家らは、そうした弊習や権威、権勢などに一部しがみ付いているのが、言わず語らずとも自分たち公家だ、と認識する。

②つまり天下が統一され「泰平の世」を迎える時には、そんな公家などは不用になってしまう（公家不用論）、ということだ。加えて天下統一後の信長政権下では、左記の＊欄の如く信長が官職「右大臣」を見限って辞任したように、公家重用の体制や制度なども、思い過ごしかも知れないが廃止することも考えられる（公家制度廃止論）……。

＊『兼見卿記』…一五七八年四月、信長が奏上した官職辞任文——

征伐の功、未だ終ってもいないので、任官（右大臣）を辞します。……但し、日本国を平定した暁には勅命によって任官しますが、（その間の）主官職は嫡男・信忠に譲り与えて下さるよう、宜しくお願いします。

そうなると、公家らがこれから築こうと思い描いている（光秀も同じように考えている）「公武合体の王政政権」の樹立などは、夢のまた夢ではないか。

2. 杞憂《きゆう》する公家のこれまでの生き残り策

いずれにしても、信長は一言も言っていないが、その内に信長から「社交中心の公家など不用だ！」などと言われると、公家衆は大変困るのである。公家らは何としても代々「公家として生き残っていく術《すべ》や策」を考えていかねばならないのだ。

かと言って、実効支配を強めている信長には逆らえない。それが故に、これまで公家らは次なる点にも表立って信長に協力し尽力してきたわけである。

イ．信長窮地の時には、天皇の仰《おお》せでもあったが、勅使となって、その窮地から信長を脱出させる為に、相手を説得するなど和解成立に尽力してきた（参照「本章冒頭1．の＊『ドキュメンタリー織田信長』欄の②」）。

ロ．信長上洛時には、左記三つの＊欄のように、雨であっても山科や勢田辺りまで、皆で熱誠を込めてその歓迎に出向き、心服の念を表してきた。

＊『信長公記』――

一五七五年一〇月、信長、完成した近江・勢田の大橋を一見して上洛しようとしたが、摂家、精華、諸国大名らが、勢田、逢坂、山科まで信長を出迎える為に参じて来た。

＊『言継卿記』――

一五七九年一一月、信長が上洛すると聞き付けた公家らは、勢田まで都合二千人が出迎えた。

＊『兼見卿記』――

一五八二年五月二九日、信長御上洛為御迎、至山科罷出、数刻相待、自午刻雨降、申刻御上洛、御迎各無用之由、先へ御乱（小姓・森蘭丸）案内候之間、急罷帰了。

八．本年三月の武田征伐時には、天皇や親王と共に、皆で「信長の戦勝」を祈願した。

＊『晴豊記』…観修寺晴豊らの祈願――

三月五日、暁、信長陣立の由候、…八幡（石清水八幡宮）御法楽、百首御うた（歌）あり。

信長祈祷《きとう》なり。

三月九日、八幡御法楽うた進上申す也。信長陣立御祈祷なり。

三月一一日、信長陣立御祈祷なり。

三月一三日、（宮中）内侍所御楽有之なり。

三月一五日、（信長から武田征伐の報を受け）御神楽定まるなり。

＊『兼見卿記』…吉田兼見らの祈願――

三月五日、未明、右府（信長）御出馬、近衛殿御出陣……。

三月八日、右府出陣御祈りのこと、……。

三月九日、当番也。御祈りの儀に参れず、……。

三月一一日、村井貞勝と面会、信州の儀、悉《ことごと》く相済み、……中将殿（信忠）自身一城高遠を攻め落とされ、武田信豊、仁科盛信以下討ち果たされ云々。……下御所（二条新御所）に参り、右府の為に御祈祷、千辺の御楽あり……。

三月一五日、（信長から武田征伐の報を受け）御法楽の儀定まるなり。


だがこれらは、その実、信長への機嫌取りなのである。その機嫌取りの最たる切り札が、前述した一五八二年四月の「三職推任」であった（参照「一章一、3.②の※「三職推任」欄」）。

しかしながら、右記「本章一、（二）1.②の＊欄」にも言うよう、信長が天下を統一するまで、官職を受任しないということなど、皆々知っている。

然れども、それを承知で、かような「三職推任」の話を持ち出したのは、多くの公家が「信長が天下を統一した時、我ら公家は一体、どうなるのだろう?」と大いなる不安を抱いていたから、「この際、もっともっと機嫌取りせねば……」との強い思いとか焦燥感が表に出たのである。それでも、こうした信長への公家の「最高の提案」「最大の心遣い」に対し、信長は乗ってこなかった。


また、公家らが思い描いている「王政政権」への体制移行を、天皇のお力添えによって早く実現しようと、時に、天皇にそれとはなくお話もしてきた。しかし、常々「天下の静謐《せいひつ》」「治国平天下」などを願い祈っておられる天皇は、決まって、

「早く、『泰平の世』となった御代の社会が見たいものよ……」

といった（暗に信長の天下統一に期待する）ことを仰せになるばかりであった。公家らは、核心にも触れられない天皇のそうした仰せを聞く度に、段々と心細くなって、よけいに不安を募《つの》らせ危機感を増幅させてもいた。

3．邪魔な信長を始末するラスト・チャンス！

以上の如くに、公家の打つ手「公家が、公家として生き残っていこうとする術や策」などは、ほとんどが空振りの状態だったのである。

そうだとしても、信長が天下を統一するまでに「そうした公家不用論といった考えなど、何とか棚上げるとか放棄してもらいたい……」と念ずる公家も少なくはない。しかしそのことを、信長に直訴《じきそ》したり進言するほどの勇気もない。

とはいえ、信長の天下統一は差し迫っている。取り分け、公家らが最後の砦と見なす反信長陣営の旗頭で、かつ中国地方をほゞ支配するあの毛利輝元でさえ、これから集結する信長の大軍に攻め滅ぼされようものなら、天下は、信長によって実質的に平定されたようなものである。

そしてその挙句には、信長の傀儡《かいらい》政権に君臨する嫡男・信忠が、信長の指図で露骨に公家を蔑《ないがし》ろにし存在感のない無力集団にしていく、と邪気に考える。

よって公家の多くは、天下統一に邁進しながらも権力を集中している信長が、次に「何を言うのか」「何をするのか」と被害者意識も高じ、びくついてもいた。

そこで公家らは、信長が公家不用論などを棚上げしないというのであれば、公家の誰もが、そのような将来の展望もない悲観的、絶望的な鬱積《うっせき》した不安などを解消せんが為に、その時は「信長を何とかせねば……」といった良からぬ動機を心の片隅に持ち合わせていた……、と公家らの心根を本書は慮るものである。

そんな折に、本日（五月二九日）、信長が軍兵を伴わず小姓だけを召し連れ本能寺へやって来たのは、「邪魔な信長を何とかする」切羽詰まった最後のチャンス、千載一遇のチャンスなのではないか、と公家らは目を見合わせた。

4．公家の密議を取り仕切る首謀者の存在

かようにして利に聡《さと》く機に敏な公家の一部は、同日夕方、信服し、かつ策謀にも長《た》けた「とある公家」の邸に密かに自然と集まってきた。そして密議が重ねられたのである。その密議を取り仕切り「一連の策略」（謀略ストーリー）を画していった人物を、ここでは、首謀者（「影」なる人物）と呼ぼう。

二、企む「謀略ストーリー」…最後まで光秀を操る策略

首謀者らは、そうした公家の不安を解消する為に、如何なる方策をもってすれば邪魔な信長を始末（殺害、暗殺）することができようか、と思索を巡らせた。

1．信長を始末したい！

さりとて、刀などを握ったこともない公家らが、いくら手薄だと言って本能寺へ討ち入ったとしても、どう仕様《しよう》もない。

①そこで公家らは、自らの動機「信長を始末したい」を代りに叶えてくれる気脈の通じた人物として、畿内を所轄し親類や与力ら実力者多数を配下に持って、しかも大軍を擁している大将・明智光秀に的を絞っていったのである。

大軍が必要な理由は（次項2．でも述べるが）、単に信長を始末しても軍事力がなければ、京都は勿論《もちろん》のこと畿内も制圧できないし、畿内が完全支配できなければ、公家が念願としている「王政政権の樹立」など実現不可能であるからだ。

②幸いにも、光秀は今、亀山で毛利征伐への出陣準備中であり、その出陣は明くる六月一日の夜になってからだ（二〇時頃）、と公家らは漏れ聞いている。

ところで、その光秀が、

・四国・長宗我部《ちょうそかべ》征伐では、図らずも自分が外されたことで、親戚同様の付き合いをする長宗我部の「信長への恭順《きょうじゅん》」を直接説得する機会を失した

・毛利征伐では、思ってもみなかったライバル・秀吉の陣に組み込まれた

ということから、世の噂では「光秀が、さも落胆し心が乱れ、そして信長に反感を抱いたのではないか？」、とも聞く。

③光秀のこの悪しき噂は、公家にとって好都合であるが、だからと言って、こうした密議を、

いくら気脈が通じているとはいえ光秀に打ち明けたとて、光秀は「戦乱・大乱の世を早くなくすには、毛利征伐が先決だ」と持論を主張し（参照「本章一、（一）2.①」）、公家の密議に乗ってこないかも知れない。

そうなると、今「信長を始末する」といったこの密議が立ち消えになる可能性だってある。首謀者ら公家にとっては、この密議で企てようとしている緊要な術策などが途絶《とぜつ》してしまうことを恐れた。

よって首謀者らは、光秀に何も話さず首謀者らが思い巡らす術策に光秀を嵌《は》め込みながら、光秀の軍事力でもって、光秀が「知らず識《し》らず」に自然と信長を始末し、そして天下を乗っ取っていく至妙な手順「策略」を考えていったのである。

2. 公家主導の政権を樹立したい！

この光秀軍事力の必要性を、首謀者は、改めて次のように強調した。

「信長を首尾よく始末したとしても、公家の不安（公家不用論、公家制度廃止論）が完全に解消するとは限らない。一時的には、そうした不安も解消されようが、しかしこんな戦乱・大乱の世では、また信長のように、天下を統一し『泰平の世』を築かんと野望を抱いた勇猛な武将が出てくれれば、これまでと同様、公家を排除するのではないかといった我らの不安も再燃してくる。

そこでそのような公家の不安を断ち切るには、これまで我らが思い詰め壮図《そうと》してきた公家が先々主導する強固で磐石な『公武合体した王政政権』を、こうした絶好の機を捉えた今、公武合体論者である光秀の強大な軍事力を巧く利した上で、何としても樹立しておかねばならない……」

こうして一同は、光秀の軍事力に支えられた「王政政権」の樹立を再確認した。

3. 一連の策略（＝謀略ストーリー）の概要

このように右記1. および2. を考え合わせて討議した結果、その至妙な一連の策略「信長を殺めて公武合体した王政政権を樹立する為の謀略ストーリー」とは、次なる概要であった、と突き詰める（但し、具体的な実行手順などは次項三、を参照のこと）。

イ．明夜、西国へ出陣する光秀は、我らの策に嵌められて京都へ来て、その上、信長を狙う（仮想の）敵を始末するといった名目でもって、本能寺へ進攻させよう。その本能寺への進攻日は、明後日の六月二日早朝とする。

ロ．京都にいるはずのない光秀軍の進攻で、信長は驚き、一人で逆賊・光秀軍と戦うものの、だが信長を敵と見誤った光秀軍に敢えなく討ち取られよう。

ハ．主君・信長を殺めて狼狽する光秀には、我らに通じた光秀家臣の直言によって天下取りを気付かせ、即刻、妙覚寺にいる信忠も始末させよう。

ニ．信長と信忠を討ち取って勢い付く光秀は、我らの計らいで天皇綸旨を得て天下に号令し、光秀の姻戚や与力らを結集、その光秀総軍で、逸早く京都、安土はもとより畿内を制圧させた後、織田の諸将らを征伐させよう。

ホ．こうした中で、先行き公家が主導権を握ってしまう強固な「公武合体した王政政権」を光秀政権として、光秀の軍事力でもって樹立させよう。

§　§　§　§　§

以上、本章冒頭で提起した「光秀を謀略ストーリーの主人公に仕立て上げていったのは、公家ではないか」といった仮説に対し、右記に述べた論などを展開した結果、曲がりなりにもその大筋が立証されたものと考える。

三、「謀略ストーリー」実行の手順

それでは、そうした謀略ストーリーを筋書き通り成功に導くには、どのような手順や術策を用いれば、「事の始まり」である「光秀を巧く京都へ上らせ、かつ本能寺へ操っていく」ことができようか。操り誘導していくには、途中、光秀に絶対疑われることのない案を、念には念を入れて策定しておかねばならない。

その為には、光秀を操り誘導していく使者として、光秀も顔見知りの本能寺の僧侶と近衛前久の家臣を宛《あて》がうことにした。つまり顔見知りの者の言うことなら、光秀は、案外、疑うこともなく信じて聞き入れてくれるのではないか……。

このことを前提に、首謀者らは、

イ．先ず、西国へ下る光秀を京都へ上らせるロ．次に、京都に着いた光秀を即座に本能寺へ走らせる為の諸々の実行手順を、以下のように（前記「四章三、」で検討した内容を）より具体的に議論しては肉付けて仕組んでいった、と推測する。

（一）光秀の出陣時…京都へ来させる術策

さて、首謀者らは、明くる六月一日の夜、西国へ下る光秀率いる光秀軍を如何にして巧く京都へ来させるか、について討議した。

1．光秀の行動変更は、信長の命令

光秀の行動を変えられる権限を持っているのは、信長だけである。そこで信長の事情や考えも知らない使僧の「口伝」（信長の名を語った伝言）でもってして、光秀の行動（進行）が、

西進から東進へと簡単に変えられようか。
どさくさの戦場ならいざ知らず、冷静な状態の時に京都へ上らせるそんな伝言を口述後、賢明な光秀から「信長の意図」を聞かれると、使僧も返答に窮して「ぼろ」を出すなど、ともすると光秀に疑われてしまう可能性もある。
それ故に、首謀者らは口伝ではなく、使僧が手渡す「信長書状」でもって信長命令を伝え、それで有無も言わさず光秀を京都へ上らせよう、と考えた。

ところが公家の一人が、

「信長書状となると、信長は意外と几帳面《きちょうめん》だから、家臣への連絡、通信であっても、人任せにすることなく祐筆《ゆうひつ》（文筆や文才に長じ実務などを担当する秘書的な文官）の作成する書面に必ず目を通し自署しているのが通例なのだ（いわゆる信長体制）。したがって、光秀もよく知る祐筆の筆跡や信長自署を真似《まね》て偽造するのは難しいのではないか？」

と指摘したことから、密議が空転、暗礁に乗り上げた。

※几帳面で忠実《まめ》な信長（参考『織田信長文書の研究』）――

信長の書状（含む記録）は、現存しているだけでも、驚くことに何と一三〇〇通を超えている。そしてその内、家臣との連絡や通信といったやり取りであっても、祐筆が代筆した書状に信長は必ず自署しているのだという。

2. 光秀への偽《にせ》の蘭丸書状…光秀軍閲兵のでっち上げ

この重苦しい雰囲気の中で、首謀者は、信長自署のない蘭丸が書した明日（六月一日）に予定する公家四〇人に宛てた「本能寺での茶会開催案内」の通知書状を思い出した。首謀者は、その受理した書状を徐《おもむろ》に取り出しながら、

「そうであるならば、祐筆ではないが信長の信任厚い側近の小姓・森蘭丸一八歳の書状に、信長の言付《ことづ》けを添えたら、どうか……」

と提案した。さらに首謀者は、次のことも付け加えた。

「信長体制下での武将らは、常に受け取る祐筆の字体や信長自署の形態などはよく知っているものの、受け取ることもないと思われる小姓らの字体は、よく知らないはずだ。そうすると、あまり知られることもないこの蘭丸の筆跡だけを真似ることは、た易いのではないか」

この首謀者の話を聞いて、今まで悩みざわついていた座の公家らも、その蘭丸の通知書状を見て、「なるほど、それは名案だ！」と頷《うなず》き膝《ひざ》を打った。

かようなわけで、こうした信長自署もない書状を武将らに送ることは、極めて異例だと思うが、首謀者は、緊急の連絡ということで「森蘭丸」名による信長の言付け書状とすることに決めた。

そしてその文面は、前例も少ないが、左記＊欄の通り、秀吉が播磨へ出兵した時、安土で信長が秀吉軍を閲兵したことを首謀者は思い出し、そこで、

「上様が、明日、西国へ赴く明智軍を京都で閲兵したい、とのご所望です。尚、委細《いさい》は京都にて。森蘭丸」

と認《したた》めたこの偽書状を、本能寺の使僧から光秀へ手渡すことにした。

＊『武功夜話』…一五七七年一〇月、信長、秀吉軍を閲兵する――

筑前様（秀吉）の総勢五千六百有余の軍は、安土城の大手馬場前で勢揃いし、信長公の御謁見《えっけん》があった。筑前様は播州攻めにあたり、粉骨砕身の覚悟であることを申し述べられ、信長公は軍装を賞賛なさるとともに、ねぎらいの言葉をかけられた。そして遠征のこととなれば万事不都合のことあらば、何なりと申し出よとの有り難いお言葉があった。筑前様は御前に跪《ひざまず》き暫く頭を上げず感涙しておられたが、やがて先般の加州表の件（一五七七年九月、越中で秀吉が柴田勝家に逆らい敵前逃亡し長浜へ帰ったこと…後記参照「六章一一、3．ロ．の※欄」）について、死を賜うも当然のところを、温情をもってお許し下されたばかりか、このたびは播州攻略の御下命に接し、まことに感謝している。かかる上は速やかに播州に参り、上様の御意《ぎょい》に叶うべく努力したい旨を言上された。信長公はなおも筑前様を気遣われ、逞《たくま》しい御馬を下されたので、実に加州での落ち度以来の晴れがましい出陣となった。

3．偽書状を光秀に手渡す時期

では何時、この偽書状を光秀に手渡すのか、を皆で協議した。

①差し当って、光秀が亀山を出陣する前に、本能寺の使僧が光秀へこの書状を手渡す場合を考えた（第一案）。

しかしながら初めて受け取った蘭丸の書状を見た光秀は、秀吉を掩護《えんご》しなければならない切羽詰《せっぱつま》った状況時、「はて、上様からではなく、蘭丸から……。まして閲兵と、な……」と、よもやの異例な信長命に疑念を抱くかも知れない。

その上、備中・高松への到着遅延も懸念する実直な光秀としては、そこで、信長の真意や書状の真偽を確認する為に、本能寺にいる蘭丸へ委細となっている閲兵の時刻とか場所などの細部を、急ぎ早馬でもって照会する可能性だってある。

こうした収拾もつかない話などを聞いていた年功を積んだ公家の一人は、

「そうなれば、この密議が本能寺で露見し大事《おおごと》になる。よって露見してしまう危険性のあるこの案については、やはり却下しよう」

と主張したことに、皆、首を縦に振って同調した。

②引き続いて、光秀が出陣して三草方面への進軍途中で、本能寺の使僧が光秀にこの書状を手渡す場合を考えた（第二案）。

先ほどの年功を積んだ公家が、その状況などを纏めながら次のように論じた。

「光秀は、右記①の第一案と同様、事に当たって無駄なことをしない信長のそうした閲兵を異例なことだと不審に思い、さらに戦場への遅参も憂慮して、信長の真意とか書状の真偽を確かめる為に、やはり蘭丸へ細部を照会しようとするだろう。

しかし光秀の使者が急ぎ馬を走らせ本能寺へ駆け込んだとて、その時刻は真夜中だ。光秀としては、信長の手前、閲兵如きで夜中に騒ぎ立てるなど不謹慎極まりないことをするわけにもいかず、即ち、光秀がその書状の真贋《しんがん》を分別する術は無きに等しい。

仮に光秀が、この切迫した時局を察して書状に疑念を抱き、また戦場への遅参を非と判じ、その命令を無視して西進を続けた場合、それはそれで信長の命に背くわけだ。賢い光秀のことだから、光秀は、信長命に絶対逆らうことはない。

そうであるならば、たとい光秀の心に蟠《わだかま》りがあったとしても、その書状内容を照会し細部を確認するに足りる時間がなければ、最後のところ、書状に従い光秀は京都へ上らざるを得まい」

首謀者は、この公家が纏め論じていく話に、したり顔で頷きながら、光秀を京都へ上らせる術策として、第二案の「光秀が亀山を出陣後、備中・高松へ西進中に、使僧から偽の蘭丸書状を光秀に手渡す」方策を採択することとした。

（二）光秀が桂川を越えた時…本能寺へ行かせる術策

次に、首謀者は、光秀の軍が致し方なく京都へ向かえば、京都の入口・桂川を越えた地点で休息するはず、と予見する。しかし夜が明けてきて、閲兵についての細部を照会しようと光秀にごそごそ動かれても困るのである。

そこで首謀者らは、間髪を入れずに光秀軍を如何にして巧く本能寺へ行かせるか、について討議した。

1．光秀への偽伝言…仮想なる敵（忍び者）のでっち上げ

①討議の中で、先ほどの年功を積んだ公家から、報復や仇討で信長を付け狙っていると噂されている伊賀忍者の動きをでっち上げた、次なる提案があった。

「光秀軍が、桂川を越えた地点で、身形《みなり》や態勢を整えようと休息し始めた時、光秀が最も信頼を寄せる近衛前久公の使者を遣わせ、前久公からの緊急の伝言『たった今、忍びの者が、軍兵もいない本能寺で、上様（信長）を殺めるという企てを耳にした』などといったことを、人目も憚《はばか》りながら光秀の耳許へ、そっとその使者から伝えさせたらどうか。

忍びの者だと言えば、光秀は、即座に九ヶ月ほど前の伊賀での凄惨な出来事（参照『四章一、（二）3．②』）に対して執念深いと言われている彼らの復讐の念を思い起すであろう。

いくら光秀が信長と距離を置き始めているとしても、『すわ、上様の一大事じゃ！』と気付けば、本能寺へ突っ走って行くのは当たり前ではないか」

②若い公家が、「だが状況判断に優れた光秀が、この使者の突飛的な話を怪訝《けげん》に思って動かず、逆にそのことを前久公へ確認する恐れもある」と疑念を呈した。

③これに対し、先ほどの年功を積んだ公家が「ならば透《す》かすことなく、その前久公の使者から『早く、一刻も早く！　上様が伊賀の忍者らに弑されたら大変なことになる』と言わせ、光秀を急《せ》き立てることにしよう」、と応じた。

④その若い公家は、「それでも光秀が動こうとしないようであれば、次に誠仁《まさひと》親王の使者でも遣わすのか？」と光秀動向に対する対処策を、執拗に質《ただ》した。

⑤年功を積んだ公家は、それらも思い合わせながら、

「いやいや、もしこういった謀反の密議が発覚したら、その嫌疑《けんぎ》や容疑が誠仁親王に及びかねない。そうなると、天皇にまであらぬ疑いが波及し、結果、とんでもない取り返しのつかない事態となる。よって、使者は前久公の家臣だけに限っておいた方が良い」

と事の広がりを制した。当の公家は続けて、「とはいえ、右記②に言う光秀が怪訝に思う可能性は極めて低いのではないか……」と予想しつつ、そのわけを次のように話した。

「何故なら、備中・高松でライバル・秀吉の指揮下に入るという複雑かつ沈痛な面持ちで西国へ向かっていた光秀に、信長から『閲兵の話』が舞い込んでくれば、プライド高き光秀はそれを起死回生の好機と捉え、そして何としても光秀軍の勇姿を信長に見てもらおうと張り切って京都へ来るであろう。

そんな時に、『主君・上様の危機だ！』と言うことを信頼する前久公の使者から聞き付ければ、尚さら真っ先に本能寺へ突っ走って行くのが武士・武将の務めであり、しかもそこでの活躍は武門の誉れではないか！」

この説得ある話に耳を傾けていた首謀者は、「如何にも……」と頷きながら、光秀を本能寺へ行かせる術策として、「仇討したい伊賀忍者による本能寺潜伏話をでっち上げた前久使者の偽伝言」方策を採択することとした。

2. 光秀への関与否定の工作…近衛前久の太政大臣辞任など

ところで留意すべきは、光秀への使者に光秀も知る前久の家臣を遣わすという点である。もし光秀が天下取りなどに失敗すれば、当然、太政大臣・近衛前久の関与が取沙汰されてくる。座はこうしたことが発覚するのを恐れてざわついたのである。そこで先程の年功を積んだ公家は、次のような妙計を発案した。

「ではその家臣が、例えば、悪逆・光秀に脅《おど》された結果、本能寺の信長情報を流して光秀の謀反に手を貸すといった密事があるように仕立てよう。さような密事を小耳に挟んだ前久公は、家臣の加担で世が混乱し皆に迷惑を掛けてしまうと懊悩《おうのう》、であれば責任を取って太政大臣を辞するのが最善だ、と判断を下すことにしよう。

但し、光秀が天下取りに成功すれば、この密事（陰謀）は空言だから、先程の辞任は思い違いがあったとして即座に取り消せば良い。

だが光秀の天下取りが失敗し我らへ万一の疑いが懸かってきた時には、脅され光秀に手を貸したことを悔いて遁走《とんそう》したあの家臣に、前久公らは一切関与していない、と言い通そう。そしてその潔白が証されるまで、しかし前久公は事の重大さなどに鑑みて出家し隠居の身となり、それでもさらに身に危険が迫るなら、嵯峨など野《や》に下ることも『一計』だ、と考える」

※かつて野に下った前久（参考『流浪の戦国貴族　近衛前久』）――

近衛前久は、（義兄である）第一三代足利義輝を殺害した三好一党と親しく、しかも足利義《よし》栄《ひで》を第一四代将軍擁立に協力した。だが、上洛を果した信長が義昭を第一五代将軍に擁立したことで、前久は反対し野に下ったのだ。しかし、その後、義昭を追放した信長の強い帰還要請もあって、前久は丹波から帰洛し、信長の覇業《はぎょう》「天下統一」に前面的に協力したのである。

この案を聞いた近衛前久は、事に当たっての周到な事前準備を講じる為に、直ちに宮中へ「家中に陰謀らしき騒動勃発が予見され、その終結に専念したく、ついては太政大臣を辞任致したい」旨を内申した。

また同様のことは、光秀に書状を手渡した本能寺僧侶にも嫌疑が及んでくる。そこで首謀者は、修行と称して僧侶をそのまま亀山から全国行脚へ出すように、と指示し、けだし万一の時には、僧侶が前久家臣の片棒を担いだと吹聴《ふいちょう》することにした。

首謀者は、二つの術策が纏まったことに満足しながら、とはいえ「事態がどう収束していくかは判らないが、如何なる場合でも我らが光秀に関与したことなど、各々『一切、知らない！』と白《しら》を切り通そうぞ……」、と語るのであった。

§ § § § §

こうして右記の（一）および（二）から、公家の首謀者は、光秀が多少疑念を持ったとしても、致し方なく必ず京都へ、しかも本能寺へ行かざるを得ないよう確実に誘導していく秘なる二つの術策を立てたのである。

そしてこの術策を展開すれば、光秀軍は六月二日の早朝四時前に京都に到着し、さらに四時半頃、本能寺に到達するであろうと、その凡《およ》その時刻を予測した。

（三）光秀を本能寺まで行かせる工作や監視体制など

以上の術策が、その通り巧く運ぶようにと、首謀者は忍者の如くに訓練された俊敏な吉田神社の神人《じんにん》（下級神職）ら二〇人ほどを集め、それぞれを亀山と京都の責任者、担当者に分け、その上で次のような策略を巡らせて徹底した。

1．事前の準備

①森蘭丸の筆跡を真似た偽書状は、この神人の中で手馴れた者を選び、その者が明日の六月一日の昼までに作成、それを亀山の担当者へ手渡すこと。

尚、急ぎの用件であるから、その筆跡は少々乱れていてもよい、と補足した。

②偽書状を受領した亀山の担当者は、それを光秀に手渡す本能寺の僧侶（使僧）と一緒に、一日の夕方までに亀山から三草への道中に潜《ひそ》む亀山の責任者の許《もと》へ行き、使僧をそこで待機させること。

③京都の担当者は、光秀の軍兵らが本能寺へ「すっと」入れるようにする為に、一日の夕方、近衛前久の家臣を本能寺へ遣わし、顔見知りの門番に対し、「明日の早朝四時頃、近衛公から上様へお届けする初物《はつもの》（珍品）の荷物が到着するので、その際は門を開けて頂きたい」

旨を、必ず伝えておくこと。

④京都の担当者は、一日の夜半、その近衛前久の家臣（使者）を桂川の橋の近くに潜む京都の責任者の許へ連れて行き、使者をそこで待機させること。

2. 具体的な工作活動

①六月一日の夜、道中に配置された亀山の担当者は、亀山を出陣した光秀軍の動きが予定通り西国への進軍かどうかを、三草への道中に潜む亀山の責任者に逐次報告する。

②亀山の責任者は、光秀軍が目の前を通り過ぎたら、森蘭丸の偽書状を携《たずさ》えた本能寺の使僧を光秀の許へ息急《いきせ》き切って走らせる。

③その書状を見た光秀が、軍を引き返して老の山を登り、さらに沓掛で左に折れ京都へ上って行く道を通ったのかどうかを、途中に配置された亀山と京都の担当者は、桂川にいる京都の責任者へ逐次報告する。

④京都の責任者は、光秀軍が桂川を越えて休息を取り始めた二日の早朝四時前、近衛前久の使者を光秀の許へ走らせ前久の偽伝言を取り次ぐ。

⑤この伝言を聞いた光秀が、しかし動こうとしなければ、京都の責任者は、再度、使者を光秀の許へ走らせ、「急げ！」という前久の催促《さいそく》伝言を取り次がねばならない。

⑥また光秀が、本能寺へ走って行ったのか、あるいはあり得ないと思うが様子を伺って動こうとしないのかを、京都の責任者は、担当者に命じて首謀者へ報告しなければならない。

⑦尚、「右記1．の③」に言う光秀の軍兵が本能寺へ「すっと」入れるようにする為に、本能寺の門前に配備された武技にも秀でた京都の担当者らは、早朝四時前、光秀が桂川を越えたことを確認後、門番に「予定通り、近衛公から上様へお届けするお荷物がご到着致しました」旨を確実に申し伝える。

これを聞いた門番が騙されているとは知らずに本能寺の門を開けた時、担当者らは、素早く音もなく門番全員を始末し門の外へ運び出しておかねばならない。

（四）光秀が失敗した時…光秀一人の謀反

首謀者は、光秀への公家の関与を重ねて否定する工作として、さらに次の策略も考えた（左記①と②）。そう考えるに至った経緯《いきさつ》を、首謀者は以下の通り談論した。

「これは、事が巧く運び光秀が天下を取った時には一笑に付せられ取り消しも難なく出来るが、しかし光秀が運悪く信長らに露見して失敗し、あるいは後に織田の諸将に敗れた時を想定した場合の手配である。光秀が失敗したとか敗れた時には、光秀はこの世にいない。

そうであれば、『この謀反は光秀一人が企てたもの』と処理してもらう為に、その悪逆な企ての意図が光秀に前もってあったかのような痕跡（野望、野心、怨念など）を作って、それをしっかりと世に言い広めておきたい」

①そこで首謀者は、連歌師の里村紹巴《じょうは》を呼び、「光秀に謀反の兆《きざ》しがあったと見られるような歌などを作っておくように……」と命じた。その理由について首謀者は、「万一、光秀が信長を始末することなどに失敗した時には、紹巴らの前で、光秀の動きに挙動不審があったこと、および意味深な連歌を詠《よ》んでいたこと、等々を状況に応じて公《おおやけ》にしたい」旨を紹巴に語った。早速、紹巴は、

「挙動不審とは、光秀が戦勝祈願しに行った愛宕山の神社で、しかし思うところがあり、何時もと形相や手付きが違って何度も御神籤《おみくじ》を引いたとか、また開催した歌会の連歌の発句には、滅ぼされた美濃の守護大名・土岐《とき》氏の一族（明智氏）復活を連想させたり、加えて信長が美濃平定時に詠んだ『天が下……』（参考［左記の＊『政秀寺古記』欄］）をもじるなど、光秀が天下を意識した野心・邪心を持っているかの如くに、

・ときは今　あめが下しる　五月かな　光秀
・水上まさる　庭の松山　西坊
・花落つる　流れの末を　せきとめて　紹巴

といった歌を含めて百韻も詠んだ（光秀一五句、西坊一一句、紹巴一八句、他六名五六句。代筆…江村鶴松？）、というぐらいの内容でどうか（参照『一章一、2．』）」

と首謀者らに説明しながら披露した。その説明を聞いた首謀者は、

「ところで、発句の中の『あめが下しる』を、誰が見ても判るように削って書き直しておけば、後々、光秀に心変わりや挙動不審があったとして、紹巴に疑いも掛からないのではないか（参考［左記の＊『常山紀談』欄］）」

と入れ知恵した。尚、首謀者は「光秀が首尾よく信長の残党らを屈服させて天下を取った時には、愛宕山の神社へ奉納したその連歌を記した懐紙《かいし》は、誤解を招くので、必ず破棄するように」、と念を押し紹巴に申し付けた。

＊『政秀寺古記』…信長が美濃平定時に詠んだ連歌の発句――

「天が下　治めんが為に　美濃取りて」

＊『常山紀談』…連歌は紹巴の偽造？

秀吉、既に光秀を討ちて後、（愛宕山での光秀らの）連歌（の話）を聞き、大いに怒りて紹巴を呼び、「あめ『天』が下しる、という時は、天下を奪うの心表れたり。汝《なんじ》、（そんなことを）知らざるや」と責めらるゝ。紹巴、「その発句は、『あめが下なる』と候」と申す。然らば、（連歌を記した）懐紙を見ようとて、愛宕山より取りきて見るに、「あめが下しる」と書たり。紹巴、（驚き）涙を流して、「これを見給へ。（光秀が歌会の後に）懐紙を削りて、『あめが下しる』と書き換えた跡、分明なり」、と申す。みなげにも（理由もなければ）書き換えぬとて、秀吉、（紹巴の）罪を許されけり。江村鶴松の筆把《ふでと》りにて、「あめが下しる」と（懐紙に）書きたれども、光秀討たれて後、紹巴、密かに愛宕山の西坊に心を合わせ、削りて又、始めの如く、「あめが下しる」と書きたりけり。

②次に、首謀者は「信長の仕打ちに対し、光秀が信長に怨念《おんねん》、私怨《しえん》を抱いていた、という謀反の動機があったかのような手配もしておきたい」、と言った。公家の一人は、

「それであれば、光秀が、家康の接待で信長に怒られたこと、信長から国替えを言われたこと、あるいは信長が光秀を足蹴りしたとか蘭丸が鉄扇で光秀の頭を叩いた、といった光秀が信長から『密室内』などで虐《いじ》められ辱《はずかし》めを受けていたことなど、理由

はどうにでも受け取られる作り話（参考〔左記の各＊欄〕）を、今直ぐ手分けしながら実《まこと》しやかに言い触《ふ》らしておこう」

と呟《つぶや》きつつ、周りの数人と顔を見合わせ相槌《あいづち》を打った。

＊『織田軍記』…光秀が抱いたという稚拙《ちせつ》的な私怨などの噂話——

光秀、信長より家康の接待役を解かれたことに対して、「一説に曰く、時に光秀このことを深く鬱憤《うっぷん》し、徳川殿饗応《きょうおう》の器物、皆もって湖水に投げ入れ、ことごとくこれを捨つ」と云々。

＊『川角太閤記』——

家康らの接待を光秀に命じた信長は、ご馳走《ちそう》のことを考え過ぎたのであろうか、肴《さかな》などの用意の次第をご覧になる為に見て回ったところ、夏のこと故、準備した生魚が腐《くさ》ったものだから、門へお入りになると同時に、風に乗って悪臭が匂ってきた。その匂いを嗅《か》がれて大変腹を立て料理の間へ直《じか》にお出でになった。この様子では家康の馳走はできまいと御腹を立てられ、堀久太郎の所へ御宿（の変更）を仰せ付けられた、と当時の古い衆の話です。そして面目を失った光秀は、木具、魚の台、その他用意した鳥・魚以下を無残にも堀へ放り込んでしまったから、その悪臭は安土中へ吹き散ったとのことです。

＊『明智軍記』…あり得ないと思しき信長の国替え命令――

青山与三を上使として、光秀に（これから戦勝獲得する）出雲・石見を賜ふとの儀なり。光秀、謹《つつし》みて上意の趣き承《うけたまわ》りしに、青山申しけるは、両国御拝領誠にもって目出度く奉り存じ候。さりながら、（今直ぐに）丹波、近江は召し上げらるるの由を申し捨てぞ帰りける。ここにおいて、（一時的に領地がなくなった）光秀並びに家の子・郎等、共に闇夜に迷う心地しけり。

＊フロイス――

信長は、ある密室において、光秀と語っていたが、元来、逆上し易く、自らの命令に対して反対（意見）を言われることに堪えられない性質であったので、人々が語るところによれば、彼の好みに合わぬ要件で、光秀が言葉を返すと、信長は立ち上がり、怒りを込め、一度か二度、光秀を足蹴りにしたということである。だが、それは密かになされたことであり、二人だけの間での出来事だったので、後々まで民衆の噂に残ることはなかった。

＊『戦国逸話事典』――

イ．蘭丸は一六歳にして明敏であった。ある時、自分に光秀の殺害をお命じ下さい、と主君・信長に申し出た。信長は理由を尋ねた。蘭丸は「今朝、明智殿が食事の様子を見ますするに、口中の飯も噛《か》まず、何やら思案のありさまでした。また箸《はし》を取り落としたのも気付かず、暫く経ってから、はっと驚く始末でした。それほど深く何を考えておられたのか、恐らく天下の一大事を思い立ってのことでございましょう。さて、その思い立ったることとは、手前が察しまするに、必ずや殿に対する逆心かと存じます。かように申し上げますのも、日頃、明智が、殿を恨み奉ると推量される事例が幾多あるからでございます。決して油断はなりませぬ」と応えた。蘭丸のこの警告は、信長の聞き入れるところとならず、二年後の「本能寺の変」に至るのである。

ロ．光秀は、家康の接待で、家康宿所の大宝院に仮御殿を造り、壁に絵を飾り、柱に彫刻を施すなど、抜け目なく準備を整え、四方の番所や道の警護に万全を期し、それは誰が見ても非難の余地がなかった。しかしその様子を知った信長は、「今度の接待を何と心得ているのか。贅沢《ぜいたく》の限りを尽くすとは不届きだ。関東の上客に、これほどのことをすれば、朝廷からの勅使を迎える時には、どうするつもりだ」と詰問した。満座の中で恥をかかされた光秀は、怒りを顔に表したのだ。すると信長は言った。「誤りを反省しないのか。誰か、光秀の頭を打て」。周りの者たちは顔を見合わせるだけで躊躇《ためら》っていると、一人の小姓が立ち光秀の側に寄り、「ご上意でござる」と言って鉄扇で打った。森蘭丸であった。光秀の烏帽子《えぼし》は破れ額《ひたい》に血が流れた。光秀は屈辱に耐えながら信長の前を退《しりぞ》いた。

§　§　§　§　§

以上、本書は、右記の①および②を公家の捏造《ねつぞう》と見て、そのように論じた。その所以《ゆえん》は、

イ．史書などが聞き及んだと記す光秀だけに集中する「信長との確執を煽《あお》った密室内などでの稚拙的なトラブル話」や

ロ．公家との親交も深い紹巴が真横で見ているが如くに語っている「愛宕山での思い詰めた光秀の描写や連歌」など

が一般に認識されているものの、ただし、当時、早耳と言われる公家の史書には、何故かそうした興味深い話題性に富んだ内容など何一つ記されていないことに、少なからずの疑念を抱いたからである。

さらにその疑念に輪を掛ける内容として、次なるものも見受けられるのである。

・先ず、光秀の家康接待時に、安土にいると思われる信長の家臣・太田牛一が、信憑性も高い自著『信長公記』に「大変素晴らしいお持て成しを致した」と記している点である（参照「一章一、1．①」）。つまり、光秀と信長の間には、何らトラブルもなかったし、また当時の公家あるいは当事者である家康の史書にも、トラブルがあった話など一切記さ

れていないのだ。

とはいえ、噂などを頼りとした右記＊欄の前二つなどの史書は、家康接待時にも光秀と信長の間にトラブルがあったと事細かく囃《はや》し立てている。

・次に、六月九日、光秀、兼見、紹巴らは夕食を共にしている点である。当然、この「本能寺の変」の起点と見なされる愛宕山での出来事が話題になろう。

とはいえ、そんな話もなかったのか、兼見自著『兼見卿記』にさえ一言も触れられていないのである。もっと驚く点は、愛宕山にいるはずのない太田牛一が、誰から耳にしたのか（右記①の＊『常山紀談』欄で言う秀吉に話した人物？）、そうした愛宕山の出来事を具《つぶさ》に『信長公記』に記していることだ。

即ち、かような奇怪で奇異な記録などを鑑みて、本書は、「光秀一人が謀反を企てた」ということを明らかにでっち上げる為に、公家らが右記の①および②を捏造し吹聴した（だから、彼らは些細《ささい》な出来事さえ毎々書き残す日記や手記に、このような事実でない内容を記す必要もなかった）、と論結するに至った次第である。

尚、他にも光秀が信長を憎んだというような話もある。参考としてそれらを掲げてみよう

（参考『戦国逸話事典』など）。

・信長が丹波・八上城の波多野（三木・別所と姻戚）を謀殺したことで、その報復として波多野へ人質に差し入れていた光秀の母が惨殺された。

・光秀が高禄で家臣に迎えた稲葉一鉄の家臣・斉藤利三について、信長が稲葉の要請を受け、「利三を一鉄へ戻せ」と言っても聞き入れない光秀を引き回した。

・信長が下戸《げこ》の光秀の喉《のど》もとに刀の刃先を突き付け、「白刃を呑むか酒を呑むか」と難儀を強いた。そこで已むなく盃に注がれた酒を一気呑みした光秀に対し、信長が「さても命は惜しきものかな」と万座の中で嘲笑《あざわら》った。

・武田を討伐した後、光秀が「それは我らの骨折れたる故」と言ったところ、「どこで骨折り武辺を仕けるぞ」と怒った信長は光秀の頭を欄干《らんかん》に押し付けた。

一方、光秀が謀反を企てたと裏付ける書状が、越中・魚津や紀州・雑賀に存在するといわれている。だが解せないのは、光秀が最も協力を得易い自分の姻戚や与力に極秘内容を打ち明けることもなく、いつ滅亡するかも知れない相手に謀反を打ち明けたという、それは甚《はなは》だ説明にも窮する傍証なのである。そうであれば、それらは当時横行していた、名声などを得る為に後刻かの有名な光秀の名を語って当事者らが偽造したものなのか、それとも敵を惑わせ敵を誘《おび》き出す為の「偽書状」だったのか？

因みに、後者のそうした「偽書状」を巧く活用したのが信長であり、その活用した主な出来事を掲げてみよう（参考『ドキュメンタリー織田信長』）。

・一五五六年、信長は、今川義元の尾張の情報源である戸部新左衛門を二重スパイに仕立て上げようと、「戸部が信長に通じている」旨の偽書状を戸部名で作成し、これを義元に露見させたのだ。怒った義元が戸部を抹殺したことで、尾張の情報が義元の耳へ入らなくなったのである。『甲陽軍鑑』は、桶狭間の戦いで義元が信長に完敗した主因として、この戸部の抹殺を挙げている。

・一五七二年、信長は、越前・朝倉義景を北近江の小谷へ誘い出そうと、「信長が身動き取れず困っている」旨の偽書状を浅井名で作成した。これを見て勝機だと判じた義景は大軍を率いて小谷へやって来たところ、信長の術中に嵌《はま》り信長軍の大攻撃を受けて敗退、越前で滅んでしまったわけだ。さらに朝倉の支援がなくなった小谷の浅井長政も、その数日後、信長に滅ぼされてしまったのである。

・一五七五年、信長は、長篠の戦いで武田勝頼を戦場へ誘い出す為に、信長の家臣・佐久間信盛が「信長を嫌っており戦いの最中に勝頼へ寝返る」旨の偽書状を作成した。これを信じた勝頼は、家臣の撤退進言も聞かずに波状総攻撃を開始したが、信長の術中に嵌った武田軍は大敗し甲斐へ落ち延びて行ったのである。

四、「謀略ストーリー」完結への確信

こうして首謀者らは、念には念を入れて仕組んだこの謀略ストーリーの実行手順の展開に、遺漏がないかを今一度、検証し確認した。

1．光秀が企てたとする謀反は、必ず成功する

その確認を終えた首謀者は、これだけ周到に準備しておけば、「光秀一人が企てたとする謀反に失敗はなかろう」と予覚した。

そして「天下統一」という雄志が半《なか》ばにして止むことを悔恨する信長が、光秀軍に始末さ

れていく様相を、首謀者はとくと思い浮かべながら次のように語った。

「こうした我らの術策に巧く操られた不如意の光秀は、『信長の閲兵』の為に大軍を率いて必ずや京都に来て、しかも『本能寺に潜伏した敵・忍びの者退治』の為に門も開いている本能寺へ自然と入って行くであろう。

この本能寺内で忍びの者退治に蠢《うごめ》いている光秀の軍兵を見た信長は、京都にいるはずのない光秀の大軍に吃驚《びっくり》しよう。そこで信長は光秀が謀反を企てたと決め込み、光秀の軍兵と戦うものの、しかしながら無勢の信長は忽《たちま》ち力尽きて弑されるか、あるいは覚悟を決めて自害しよう。

したがって、ここ本能寺では短時間で決着が付くはずだ。

ただ無きにしもあらずだが、まさか信長が戦わず、仮に謀反を企てたと指弾する光秀のいい加減な釈明（信長の閲兵話とか本能寺に伊賀忍者が潜伏した話）などを聞いたとて、激怒する信長の光秀への疑惑や猜疑《さいぎ》が収まるわけでもない。まして愛宕山での連歌などの噂話が、突如、表立って出てくるようであれば、身に覚えのない光秀としては説明の仕様もなく、尚さら追い詰められて窮地に陥《おちい》るのは光秀なのだ。だから結局のところ、万人の軍兵を本能寺へ進攻させた不届き者・光秀としては、保身の為に、信長を弑《しい》せざるを得ないのである。つまり『窮鼠《きゅうそ》、猫を噛《か》む』……だ。

よって、いずれにしても、我らが企図した策略の最難関『信長の始末』は、間違いなく完遂し成功しよう」

かように推察しつつも首謀者は、「しかし、信長は自害する道を選ぶ」と判じた。

2. 光秀の方針変更「天下取り」への期待

首謀者は、さらに続けて、

「この本能寺内でのあっと言う間の出来事を、寺の外で聞く光秀は、驚倒し絶句するものの、しかし事態が全く呑み込めない椿事《ちんじ》だから『不慮の儀』と称するに違いない。だが気を取り戻した光秀としては、己が主《あるじ》殺しになったという『不義・不忠の悪行』を悔やみ悩むだろう。

とはいえ、そこは明敏な光秀のことだ。常々、家族や一族郎党の幸せを思い願っている光秀としては、このままであれば、あの惨《むご》かった荒木一族の処刑と同様に、明智一族の抹殺といった最悪の事態を思い起そう。そこで皆々を守る為にも、光秀は、家臣らの直言もあって天下取りへと方針を切り替えざるを得まい……。これも我らの意図しているところである。

そして光秀は、瞬時に信忠の存在に気付き、直ぐさま軍の態勢を整え、妙覚寺へ駆け付け信忠を始末しよう。その後、光秀の発する『天下への号令』に賛同し協力を惜しまない親類や縁者らを率いた光秀は、天皇大義という錦の御旗を掲げた大軍を指揮して颯《さっ》爽《そう》と天下取りに邁進するであろう。

当然のことながら、光秀は敵となった織田の諸将と戦っていくわけであるが、さりとて、いくら織田の武将らが強いと言っても信長を失って連携や統制も取れない牙《きば》の抜けた彼らは、味方であっても主導権争いで疑心暗鬼し、しかも竜虎《りゅうこ》相打つが如くに戦って混乱するのは目に見えている。

したがって光秀の巧妙な調略《ちょうりゃく》で、彼らが次々切り崩され光秀へ寝返るならば、光秀の天下取りも、そう時間が掛からないのではないか！」

と言い放ち、光秀の天下取り実現に大いなる期待を抱くのであった。

3. 公家体制の安泰

首謀者がそのように大いなる期待を抱く理由は、公武合体論者の光秀が信長を殺《あや》めたその勢いで天下を乗っ取り、そして「公武合体した王政政権」を樹立してくれれば、公家にとっては、願ったり叶ったりの万々歳なのである。

というのは、これまで、いつ自分たちが排斥されるかも知れない絶望的な不安に苛《さいな》まされてきた公家衆には、光秀がそうした政権を築いてくれるなら、それは何の努力もなく「濡《ぬ》れ手に粟《あわ》」であり、しかも公家の身分や地位などが保証されれば、さような不安など一遍に吹っ飛ぶ誠に喜ばしい「ご同慶《どうけい》の至り」となる。

換言すれば、天皇に直結し文学や有職故実《ゆうそくこじつ》などに幅広い知識を有する公家衆を重用した政権が樹立され、それが光秀の強力な軍事力によって守護されていく限り、公家体制は磐石《ばんじゃく》であり安泰であり続ける、と首謀者は独り呟《つぶや》き頷《うなず》いた。

そう頷きつつも、上手の手から水が漏れないよう、再び石橋を叩く首謀者は、

「しかしながら、最後の詰めに一抹の危惧《きぐ》する点もある。それは光秀と織田の諸将との戦いで、あに図らんや光秀の敗死という万一の事態が起った場合である。光秀の天下取りが頓挫《とんざ》してしまえば、我らが壮図として思い描いてきた『政権構想』も、残念ながら振り出しに戻ろう……。

だが、その時はその時で、状況に応じた方策や計略などを皆々の叡智でもって新たに練り直すこととしよう。

ところで話を戻すが、光秀が敗死した場合には、光秀の企てた謀反に光秀と親しい我ら公家が関与したのかどうか、が織田の家中から問われよう。

そこで、だ。そんなことも『あり得る』と考え、先程、光秀にいろんな不利な噂（連歌や私怨）などを勝手に作っては、『それとなく、実《まこと》しやかに世間に流しておこう』と指示したわけだ。然るに、この世にいない当事者（光秀）のそんな噂が方々《ほうぼう》の見識ある人などに広まっておれば、『謀反は、憎き信長への怨念を晴らした上で天下を我が物にするといった野心とか邪《よこしま》な心を持つ光秀一人が企てたもの』と見なされ処理されよう。

さらに使者として直接関与した僧侶と家臣は、悪逆・光秀に騙《だま》され脅《おど》されて已むなく光秀に手を貸したことを恥じて行方を眩《くら》ました、と我らが必死に弁明すれば、世間も『それは、哀れで気の毒なことだ！』と納得してくれよう。

そうであれば、光秀に不測の事態が起ったとしても、光秀謀反へ関与した嫌疑などが我ら由緒ある公家に降《ふ》り懸かってくることはなく、したがって今後どの時点であっても、我らはそうした噂などによって常に安全に守られていくことになる……」

と自問自答しては、心配を装う座の皆々を安心させた。

4.「謀略ストーリー」の完結と緘口令《かんこうれい》

そして、首謀者が締め括《くく》って言うことには、

「信長が始末されれば、その時点で、取り敢えず公家不用論や公家制度廃止論が立ち消えとなり、それはそれで我ら公家の一義的な勝利でもある。

しかし、これで喜ぶわけにはいかないのだ。我らが安堵するのは、光秀が、その後、我らの計らいで天皇綸旨を得て天下に号令し、信長の残党で統制も採れない信雄・信孝兄弟、強軍の勝家、秀吉、家康らを調略とか武力で屈伏させるなどして天下を手中に収めた時である。こうした流れの中で我らも光秀への協力体制を構築、その影響力で、光

秀も言う『公武合体した王政政権』を指向する光秀政権を樹立させてこそ、今ここで我らが企図した『一連の策略』（すなわち謀略ストーリー）が完結したといえよう。

そうなれば、その政権は、いずれ『公家主導の王政政権』となるから、将来に亘《わた》って不安のない安定した公家体制が存続していく、というわけだ。

然れども、よく考えてみれば、この密議は、我ら公家の安泰を目論む為に邪魔な信長を始末してしまうというものであって、しかしそれは『天意』を得たものではないし、加えて謀反を起し世を混乱させてしまうという『天の道』にも背いた大逆無道なる謀《はかりごと》である。それが故に、よって今より何があっても、各々これらのことを、一切、口にしてはならぬ……」

と念を押しながら、皆々に厳しい口調で緘口令を敷いた。

こうして公家らが密会し策定した一連の策略「謀略ストーリー」は、首謀者の徹底した緘口令で、以降、誰人からも漏れて口外されることはなかったのである。

◇　◇　◇　◇　◇

以上、光秀を操った人物として、本章の如く推理、推断したことによってクローズアップされてきたのが公家衆であり、その公家衆が公家存亡の危機を脱しようと議論した考えなどを謀略ストーリーとして纏め上げたのが、皆々も信服する公家の首謀者なのであった。尚、この首謀者の特定については、検討を要する点も多々あるので、後述することと致したい（後記参照「七章1．」）。

かように彼ら公家衆が思い願い密議して仕組んだ内容とは、自分たちの生活に直結する身分や地位保全の為に、光秀の軍事力を利して、

・先ず、「それには、邪魔な信長を何としても始末したい……」
・その次は、「光秀に天下を取らせた上で、公家が久しく安泰する『公武合体の王政政権』を何としても樹立したい……」

という『信長公記』など歴史を語る史書さえも窺い知ることが出来なかった、人知れずの精妙かつ大胆な謀略ストーリーだったのである。

この公家衆が生き残りをかけて策定した謀略ストーリーの実行手順は、当時の状況や背景

および史料などに秘された糸口とかヒントを分析し、かつ自説を展開したことで、矛盾のない論理に纏まり帰結したと了見する。
但し、自説、持論を展開する中で、舌足らずな部分、あるいは「さらに説明しなければ……」と肉付けた箇所が多少冗長《じょうちょう》で極め付けた部分もあったことは否めない。ついては、そのような部分はご容赦賜りたい。

とはいえ、「本能寺の変」の最も大事な入口論を議論せず「光秀が企てた謀反」を前提に諸説を展開してきたこれまでの歴史研究などは、筋書きも根拠もない「こじ付け」空疎《くうそ》なものばかりであり、したがってその真実を求めるには、「光秀が企てた謀反」に疑義を抱いた本筋の方が、少なくとも的を射ているのではないか、と凡慮するところである。

六章　真相「本能寺の変」

それでは、ここまで推理してきた公家の首謀者が影で仕組んで謀った「本能寺の変」の表面的、現実的な〝あらまし〟を述べてみたい。

一、京都での動き

①一五八二年五月二九日、信長は安土からお小姓衆二、三〇人を召し連れて上洛した。途中、雨にも拘らず山科辺りで公家衆の出迎えがあった（参照「五章一、（二）2．ロ．の＊『兼見卿記』欄」）。京都での信長の宿所は、本能寺である。

②同日、近衛前久が、太政大臣辞任を宮中へ密かに届け出た。

③翌六月一日、信長は本能寺で茶会を開催、前久ら公家衆四〇人が参列した。

二、光秀、亀山を出陣

①光秀は、信長の出兵命令に従い、備中・高松で毛利と対決する秀吉を支援する為に、一万三千人もの軍勢を率い、予定通り六月一日の夜に入って（二〇時頃）、亀山城を出陣、一路西進した。

②光秀軍が三草方面に向かっている途中、光秀も知る本能寺の僧侶（使僧）が喘《あえ》ぎながら追い掛けて来た。そして森蘭丸の使いだと言い、急ぎの書状「上様が、明日、西国へ赴く明智軍を京都で閲兵したい、とのご所望です。尚、委細は京都にて。森蘭丸」を、光秀は使僧から受け取った。光秀は、

「はて、上様からではなく、蘭丸から……。まして閲兵と、な……」

と怪訝《けげん》に思った。だが、急ぎ早馬で蘭丸にその委細内容を照会するとしても、夜の帳《とばり》はとっくに下りており、光秀の使人《つかいびと》が本能寺に到着するのは真夜中だ。当然、本能寺では、大騒ぎとなろう。

したがって、信長の手前、かような閲兵如きで夜中に騒ぎ立てるなど料簡のない不謹慎なこともできないと判断した光秀は、信長らしからぬ命令に多少の疑念を抱きながらも、致し方なく来た道を引き返し進路を京都へ向けたのである。

③但し光秀は、信長が、やはり備中への出兵命令通りと、老の山までに「気まぐれ閲兵」を取り消してくるやも知れないと思い、その時は少々遠回りになるが、

「沓掛で右に折れ、山崎経由で摂津街道へ出ればよい」

と考え、その旨を家臣や軍兵らに伝えた（参照「一章一、5．のイ．」）。

三、光秀、桂川を越える

①だが、老の山を越えても信長から「気まぐれ閲兵」の取り消しもなかったので、光秀は、已むなく沓掛で左の道を下り、東の空も白んできた六月二日の明け方四時前、京都の入口・桂川を渡ったのである。

そこで光秀は、軍兵らに食事や休息を与え、また身形《みなり》なども整えさせようと、先頭部隊を停止し後続部隊の到着を待った。

②その時、光秀も知る近衛前久の家臣（使者）が駆け付けて来て、光秀の耳許で「近衛公からの緊急の伝言」であると喘《あえ》ぎながら光秀へ次のように申し伝えた。

「たった今、とある筋から、今朝方、忍びの者が軍兵もいない本能寺で、上様を殺めるという、とんでもない企てを耳にした。とはいえ、我ら公家だけで上様をお守りすることなど如何ともし難く、そこで閲兵で上洛されるという光秀殿を思い出し、至急、その旨をお報せする由である」

光秀は、親交の深い前久からの伝言であり、「それは誠か！」と驚きつつも、しかしながら復讐の念に燃える伊賀忍者らが、「隙《すき》あらば」と仇敵・信長を付け狙っているやも知れぬ、と脳裏を過《よ》ぎった。だから、疑うことなく、

「すわ、上様の一大事じゃ！『敵は本能寺』にいるぞ！」

と言っては、急ぎ全軍に出陣を命じたのである。尚、使者は周りを憚りながら、続けて「近衛公の伝言」を次のように光秀へ伝えた。

「但し、大騒ぎになると敵も逃げてしまうので、静かに本能寺を取り囲み、敵を一人たりとも逃さず、そして上様に危害が及ばぬよう、そんな輩を一刻も早く討ち取ってもらいたい……」

四、光秀「不慮の儀」…信長を殺める

1．光秀軍、本能寺内で敵を探索

①一万三千人の軍兵を率いた光秀は、前久の伝言通りに、静かに本能寺へ急ぎつつ、しかも声を押し殺しながら、全軍に、

「怪しい者・歯向かってくる者は、討ち取れ……」

と命じた。

②そして四時半頃、光秀の先遣隊（光秀の家老・斎藤利三の子息ら）が本能寺に到着した。すると驚くことに、本能寺の門が開いていたし、尚かつ門番もいなかった（参照「五章三、(三)

2．⑦」）。不吉《ふきつ》な予感が走った先遣隊は、やはり「怪しい者」が寺内に潜入している……、と確信した。

よって上様の名前など教えられていない（知る必要もない）先遣隊は、言われた通り「怪しい者」を討伐する為に、（本城惣右衛門ら）次々、寺内へ静かに入っては四方へと散《ばら》けたのである。一方、斉藤利三の子息らは裏門を封鎖する為に、急ぎ外を回って裏門へ駆けて行った。周りは大分明るくなってきた。

2．信長と光秀軍の戦い

①暫《しば》らくして、「怪しい者」を探索する光秀軍兵らの玉砂利を踏み締める足音が、障子《しょうじ》も開け放たれた御殿内の信長の寝所へ聞こえてきた。

信長は狼藉者《ろうぜきもの》が侵入して来たと察知し、寝ている蘭丸ら小姓を起して蚊帳《かや》から出てきた。

そして寝所の表回廊の欄干《らんかん》に左足を乗せた信長は、

「狼藉者！　これでも食らえ！」

と唸《うな》っては、水色に桔梗《ききょう》の紋をあしらった明智の旗差しを背に差した（京都にいるはずのない）光秀の軍兵らに向かって、手にした弓から矢を放った。

②矢を次々と射ち込まれた光秀の軍兵らは、大騒ぎになった。だが軍兵らは、松の木や灯籠《とうろう》などに身を隠しながらも、直ぐさま遠目に白い着物の右肩を大きく開《はだ》けて歯向かってくる異形相の「怪しい者」へ、応戦していったのである。そして軍兵らの放った矢が、「怪しい者」に当たった。「怪しい者」は、

「狼藉者、信長と知ってのことか！」

と大音声で一喝した。その一喝が終らない内に、雨の如くに降り注《そそ》ぐ中での何本かの矢が、さらに歯向かってきた「怪しい者」に的中した。

3. 信長、非業《ひごう》の死

①ところが「信長」と聞いた光秀の軍兵らは、顔を見合わせるなり、たじろんでしまった。

それは、信長を「怪しい者・歯向かってくる者」と勘違いして戦い、その上、信長に瀕死《ひんし》の重傷を負わせる大失態を演じたからである。

②寺内を隈《くま》なく探索していた他の軍兵らも、この騒ぎを聞き付けてどんどん集まってきた。この寝所の前庭を埋め尽くすほどの光秀軍兵の多さを見た信長は、

「最早、これまで……。課せられた使命が全うできなかったのは、残念無念。『是非に及ばず』。だが、こ奴ら狼藉者に我が身が弄《もてあそ》ばれては末代の恥」

と言い残し、お小姓らに担《かつ》がれ寝所へ入るなり障子を閉めたのである。そして部屋一面に火を放つよう彼らに命じた後、信長は、覚悟を決め自害した。

4. うろたえる光秀軍兵

光秀の軍兵らは、「上様、信長様を殺《あや》めた」「大変なことを為《し》出かした……」と口々に言っては気が動転し、ただただ、うろたえるだけであった。たとい信長を助けたとて、串刺し、

打ち首、焼き殺しなど、所詮《しょせん》、皆殺しに代わりはない。

それ故に軍兵らは、火の手が上がって御殿が焼け崩れようとしていても、そのまま、じっと見ているだけで、どう対処してよいのか判らなかったのである。

当然、焼け崩れた建物の下敷きとなった信長の遺骸は燃え尽き、結局、見付かることもなかったわけである。尚、お小姓らは、信長に付き従い全員自害した。

5. 狼狽する光秀

①物静かな態勢で本能寺に到着した光秀は、血相を変えて走って来た軍兵から、「怪しい者全員討ち取りました」という期待した吉報ではなく、唐突《とうとつ》に「上様を殺めてしまいました……」旨の真逆の報告を聞いた。光秀は、

「何と、何と……、上様を殺めた、と……」

と言っては慌てふためき狼狽した。すると、塀越し向こうの御殿から火柱が勢いよく立ち上ってきたのである。これを虚《うつ》ろに見上げる光秀は、しかし何ゆえに、こんな事態にな

ったのかと、亀山からの経緯を思い起した。

そこで思い当ったのが、奇妙な「京都での閲兵」とか「忍びの者が本能寺に潜伏した」という光秀を突き動かして誘導した話（教唆）であった。光秀は、

「これは、使者などの関係から、前久ら公家に嵌《は》められたのでは……」

と呟きつつ呻吟《しんぎん》した。しかし、事ここに至っては、どう仕様《しよう》もない。また、そんな話に光秀が騙された無様《ぶざま》な格好など、人に知られたものではない。

それより一度にどっと不安が高じてきた。それは、この本能寺のことを今に聞き付けるであろう織田の総大将・信忠が急いで京都を脱し、そして大義を掲げて大坂の信孝など近隣の軍勢を束ね、はたまた美濃などで待機している三万人の信忠軍や伊勢の信雄軍をも京都へ引き入れてくるのではないか……と。

そうなれば、光秀軍は壊滅、全滅である。
②光秀は、目を閉じ黙思した。
この天下後世の誹《そし》りを招く主殺し「不義・不忠の悪行」で、光秀は、逆臣の汚名を被り

極悪人として獄門に曝《さら》されよう。さらには、二年半前の荒木村重（元は光秀と姻戚関係〈村重嫡男と光秀息女が結婚、但し村重の謀反で離婚〉）一族が処刑された如く、明智の女や子供を含めた一族郎党も、串刺しの磔《はりつけ》、焼き殺し、八つ裂きといった公開処刑になってしまうのではないか。

自分はどうなってもよいが、しかしながら罪もない家族や一族郎党までもが、大勢の前で指弾され生き地獄の苦しみを味わい惨殺されてしまうのは、あまりにも不憫《ふびん》で忍び難く堪え難い……。

五、光秀、「不義・不忠」を「天下取り」に切り替える

光秀は考えた。この不運で不合理な僻事《ひがごと》「不慮の儀」から皆を救う方策がないものか、と。思案した結果、それには自分が生き延び、そしてこの信長を倒したことをもって、天皇綸旨を賜り天下に号令し「光秀政権」を樹立するしかない……、と自分の行為、行動を正当化させる方策を荒っぽく咄嗟《とっさ》に思い浮かべて意を固めた。

1. この際、信忠も

そう決意した光秀は、「この際、何としても、信忠を討ち取らねば！」と気付いたのだ。こうして光秀は、ここから初めて天下を意識するとともに「天下を取らねば……」と、天下取りへの勃々《ぼつぼつ》たる野望を抱いたわけである。

そこで光秀は、折も折、この場でまごまごしている状況ではないと考え、茫然自失の軍兵らに向かって「天下は目前だ！」と皆の耳目を驚かす新目標でもって勇気付け、さらに「敵は信忠！」と明言、そして彼ら万人を束ね、御殿からの飛び火で燃え盛る本能寺の本堂や庫《く》裏《り》などを尻目に妙覚寺へと突っ走って行った。

2. 信忠の敗死

しかし朝六時前にも拘《かかわ》らず、妙覚寺は「もぬけの殻《から》」だった。光秀は、

「やはり、信忠は京都を脱してしまったか……」

と無念に思ったその矢先、幸いにも先程の近衛前久の使者が、「信忠卿は、近衛邸の隣の二条新御所で籠城《ろうじょう》されている」と密かに報せてくれたのである。

六時頃、光秀軍は二条新御所を取り囲んだものの、新御所は堅固な館で、ここを討ち破るのに難儀した。然る中で、たまさか門も開いている隣の近衛邸の屋根や塀などに上って新御所へ鉄砲を乱射し火矢を放ったところ、それまで果敢に戦っていた信忠の軍兵らは、側面からの攻撃で総崩れとなり敗北し全滅した。

敗北を知った信忠は、

「最早、これまで……」

と観念し、煙に巻かれ火柱も上がる二条新御所内で自害した。

こうして朝の八時前に、信忠も焼け崩れた建物の下敷きとなったことから、その遺骸は、信長同様、見付かることなどなかったのである。

六、光秀、京都での残党狩りを命じる

午前八時頃、信長と信忠を討ち果たした光秀は、重臣と手分けして手柄を挙げた本城惣右衛門ら軍兵を褒賞、また信長ら二人の遺骸を探索する一方で、

「落人《おちうど》があるであろうから、家々を捜索せよ」

と命じた。その命を受けた光秀の軍兵らは、京都の町屋などへ踏み込んだ。そうした落人を捜すそのありさまは、至る所、目も当てられぬ騒ぎとなったが故に、難を逃れた多くの人々が御所で小屋を建てるなど無秩序化した都の騒動は一通りではなかったという。

七、光秀の謀反、千里を走る

信長父子が光秀によって弑《しい》された悲報「京都の出来事」は、街道を封鎖していないことから、京都の出先や知人らを通じて、瞬く間に勢田、安土、大坂、堺、大和、丹後、越中、上野などへと伝播《でんぱ》していった。

①安土では、午前一〇時頃、そんな急報に仰天し驚倒した。その上、今にも光秀が攻めて来ると噂も広がったことから、安土を守る手薄な美濃や尾張の武士は、勝ち目など全くないと判じ家族を引き連れ一目散に帰国してしまった。

そのようなどさくさの状況にありながらも、忠義な蒲生賢秀《がもうかたひで》は、六月三日、信長妻女らを安土城から安全な蒲生の居城・日野へと急ぎ立ち退《の》かせたのである（参考『信長公記』）。

②大坂では、四国・長宗我部征伐の準備を急いでいた信孝の軍兵一万人も、京都の出来事を聞くなり、光秀の襲撃を怖《おそ》れ、安土同様、あっと言う間に散り散りになった。

③堺では、物見遊山の徳川家康と穴山梅雪が京都の出来事を聞いて危険を察知し、急ぎ帰国の途に就いた。但し、梅雪は途中で一揆に討ち取られたという。

八、光秀、天皇への拝謁タイミングを公家に任せた？

ところで、本来、光秀は朝八時過ぎにも早速参内《さんだい》し、信長の悪行三昧《ざんまい》や非道の数々をつらつら挙げ、天下の大悪人・信長と信忠を討ち取った正当性（参照「二章三、の＊欄」）などを喧《けん》伝《でん》する必要があったのではないか。

加えて、新政権「公武合体した王政政権」の樹立を光秀は奏上した上で、京都は勿論、畿内の平穏や治安を維持する為にも、「天下への号令」となる大義名分「織田の残党の追討」を勅命として承《うけたまわ》るのが覇者としての王道であろう。

しかしながら光秀は、参内することも政権をぶち上げることもなく、六月六日、占領した安土城で誠仁親王の勅使・吉田兼見と接見、六月八日、兼見は内容不明だが光秀の返礼を勅答として、天皇（あるいは誠仁親王）に奏上した。

こうした光秀の悠長《ゆうちょう》な動きについては、光秀が参内して天皇綸旨を得るタイミングも含め、「本能寺の変」を謀《はか》ったと信じて疑わない近衛前久、観修寺晴豊、吉田兼見らの宮中での計《はか》らいに、光秀は期待し、その手続きや日程などを暗に彼ら公家に任せていたのではなかったか……、と思い入れるところである。

九、光秀、治安に無関心だったのか騒乱の京都を離れる

はてさて、信長と信忠を殺め京都を大混乱に陥れてしまった光秀ではあったが、ただし安土や岐阜などから織田の残党らが攻め上がって来るやも知れないと懸念し、その防備などを考えた。

そこで六月二日の午後、京都を守る最前線と位置付ける勢田へ直ちに赴き、光秀の与力である勢田城主・山岡美作守とその弟に協力を求めた。しかしながら山岡兄弟は、信長の厚恩に報《むく》いる為にも光秀の協力要請を拒否し、勢田の大橋や城に火を放って山中へ逃避した。

光秀は、山岡兄弟がもとより快《こころよ》く光秀に味方してくれるものと見込んでいたが、山岡兄弟の思いもよらない言動に驚き落胆した。その上、勢田の大橋が焼かれて安土への道を閉ざされた光秀は、警固の軍兵を残し、京都へ戻らず居城・坂本へ帰ってしまったのである。

一〇、光秀、軍資金を安土に求める？

①六月五日、勢田の大橋が修復したとの報《しら》せを受けた光秀は、その大橋を渡って安土へ出陣した。そして光秀は、天守閣や天皇御殿を守り仕える僧しかいない「もぬけの殻」の安土城を占領した。

光秀は、信長が長い年月を費やして蓄積した大量の金、銀、茶器などを、家臣や祝福しにやって来た友人、知己らに分配したという。

②六月六日、光秀は、誠仁親王の勅使・吉田兼見と安土城で接見した。

一一、光秀の誤算

1．天下に号令できない光秀

①六月七日、近衛前久らは参内し、天皇に御樽を進上するとともに、「光秀の拝謁《はいえつ》」（？）を奏上した。

だが天皇は、信長の死で「泰平の世」の到来が全く遠退《とおの》いてしまったことに意気消沈され、よってそのような謁見《えっけん》の執り成しもなかった、と所思する。

②安土から帰洛した勅使・吉田兼見は、六月八日、光秀の返礼を勅答として天皇（あるいは誠仁親王）に奏上した。

③六月九日、光秀は、制圧した安土より帰洛し吉田兼見邸を訪問した。兼見など公家や町衆らが挙《こぞ》って凱旋の光秀を歓迎した。そして光秀は、兼見を通じ、天皇、誠仁親王、京都五山、吉田神社などに多額の銀子を献納したのである。

同日夕方、光秀は、兼見や紹巴らと夕食を共にした（戦勝祝賀会？）。その時、光秀は、兼見に対し「参内し天皇綸旨を賜りたいので、早く謁見の執り成しをお願いしたい」と懇

請した。兼見は、近頃の天皇のご様子から、そこで、

「世を大乱に陥れた本能寺などの出来事に、天皇の驚きは一方《ひとかた》ならずで、それ故に天皇の御心が落ち着かれるまで、暫《しば》し待って欲しい……」

などといった時期尚早の旨を光秀に伝えた、と推察する。

2. 光秀に協力しなかった親類・縁者ら

このように光秀の天下取りとは、咄嗟に浮かんだものであったし、しかも天皇綸旨もないことから、畿内を制圧するといった早急な対策を光秀は講ずることができなかった。

したがって協力して欲しい親類・縁者ら〈細川藤孝、筒井順慶、池田恒興、高山右近、中川清秀、〈山岡美作守兄弟は既に拒否〉、津田信澄〉への要請も覚束《おぼつか》ず、尚かつ全てが手遅れとなったし、また後手々々になったのだ。

それが証拠に、最も頼りとする細川藤孝への光秀正式要請の親書は、何と一週間も過ぎた

六月九日になってしまったのである（参照「一章三、6．の＊欄」）。

その遅くなった理由は、「本能寺の変」を「不慮の儀」と称し、また謀反の事由を「子供らの為」とするなど、光秀には事変を取り繕《つくろ》う為の時間が必要だったのだろうか。

ところで、右記に言う親類・縁者ら（除く津田信澄）は、光秀が主君・信長と信忠を殺めた事実を、街道封鎖もないことから、即日、京都の出先や知人などの一報で知って驚愕《きょうがく》した。

だがかような主殺しという「不義・不忠」の光秀が、これから織田の柴田勝家、滝川一益、羽柴秀吉、徳川家康ら百戦練磨《れんま》の強軍と戦ったとて、「天道に背いた逆臣・光秀に味方する者はいない。よって光秀に勝ち目などは全くない」と誰もが考え、そして今後の「天下の動きや情勢」などを判じた。

その結果、細川藤孝も含めた彼らは、光秀から「上洛して欲しい」「派兵して欲しい」旨の協力を要請されても動《どう》じることなく、それより「上様の仇討」「弔《とむら》い合戦！」といった大義を掲げて一番早く上洛してくる織田の大将らに合流しようと、待機するなど静観した（参照「次項3．イ、の＊『武功夜話』欄」）。

とはいえ、光秀二男を養子にしている大和の筒井順慶は、京都の出来事を聞くと同時に、光秀に請《こ》われるまでもなく、姻戚の誼《よしみ》から率先して光秀に千人ほどを派兵した（参考『多聞院日記』）。しかしその筒井順慶も、直ぐに「大悪の光秀に一味すべき理《ことわり》なし。弔い合戦すべき」（『池田家履歴略記』）と言っては、その派遣した兵を引き上げたのだ。つまり筒井順慶も、前述した今後の「天下の動きや情勢」などを熟考して、そう判じたからだと考える。

尚、光秀から事前に何の連絡もなかった光秀の娘婿・津田信澄は、六月五日、大坂で信孝に「父の仇・光秀の一味」だと名指しされ早々《はやばや》と討たれてしまった。

光秀にすれば、自分の味方となって援軍を出してくれると思っていた右記に言う親類・縁者らの誰もが、結局、自分に協力も加担もしてくれなかったこと自体、それは思っても考えてもいなかった光秀の大誤算だったのである。

3. 大義を掲げた秀吉

イ、逸早く本能寺の変を知った秀吉

さらに光秀にとって運もなかったのは、信長らが討たれた京都の情報は、その夜、早くも丹後の宮津城主・細川藤孝から三木にいる秀吉の重臣・前野将右衛門へもたらされたということだ。しかもその内容は、間髪を入れずに三木から備中・高松の秀吉へと伝えられていったのである。

尚、史書毎に秀吉が「本能寺の変」を知った経緯を記しているが、本書は、説得性も強い左記二つの＊欄の史書から右記の如くの筋書きとした。

＊『武功夜話』…藤孝から事変を聞いた秀吉側の情報収集――（要約）

二日夜、丹後の細川藤孝より三木の前野将右衛門に、本能寺での出来事の密書あり。驚く前野は、急いで姫路城と備中の秀吉に連絡するとともに、大坂や京都の情報収集に人を走らせた。大坂や京都の話は、四日夕方から夜半にかけて三木に集まってきた。大坂からの情報では、丹羽、中川、高山らの武将は静観中。信孝の副将・津田信澄は光秀の娘婿ゆえ、信孝と同士討ちになろう。京都からの情報では、光秀が近江に乱入し、秀吉の長浜、丹羽の佐和山を奪い安土へ攻め入り天下に号令するだろうから、近江衆の大部分は光秀に靡《なび》いた、との風聞だ。さらに大和の筒井順慶が動き光秀に味方すれば、近江、山城、大和を手にすることとなり、よって、畿内に討ち入ることは困難になろう。

＊『総見院殿追善記』——

長岡兵部大輔（細川藤孝）は年来将軍（信長）御恩恵浅からぬ事を忘れずして、惟任（光秀）に背き秀吉に心を合わせ、備中表へ飛脚を遣わした。

※細川藤孝から秀吉への情報提供の有無——

細川家の動きを記す『綿考輯録』には、藤孝が光秀の謀反を、六月三日、愛宕下坊幸朝の飛脚によって聞いたとある。しかし右記二つの＊欄の史書に言うが如くの「秀吉に密書を送った」記述などはない。だが街道封鎖もなかったことから、足利幕府の重鎮《じゅうちん》であった藤孝には、即日、京都から本能寺の出来事の一報が入ってきたと見る。喫驚し剃髪《ていはつ》した藤孝父子は、より正確な情報を得ようと密かに僧侶・幸朝を京都へ走らせたのだ。然るに事の重大さに鑑み、このことを右記の史書にもあるよう、飛脚などで密書を秀吉へ送ったと慮るものである。

こうも主張する所以《ゆえん》は、この情報提供に恩義を感じたのか、秀吉は、六月八日、藤孝宛に書状を送り、また光秀と同罪と見なす光秀の娘婿で藤孝が嫡男・細川忠興に対し、事変後、光秀との関係を疑われないよう即刻に離縁したガラシヤ（光秀の息女）との復縁を許し、尚のこと大坂に住まわせ、秀吉の側近として重用したからである。

ロ、必然的な秀吉の決断

前野からの一報で、信長の死を知った秀吉は、さらに次々と前野らから送られてくる情報によって、

・混乱しているであろう織田家（信雄、信孝ら）からの秀吉支援や後ろ楯もないこと
・秀吉の居城・長浜も光秀の手に渡っているとのこと
・支援もない孤立した秀吉・宇喜田ら二万人強の軍勢だけで、目前の毛利五万人の軍勢と戦っても「勝ち目」などないこと

等々が秀吉の脳裏を駆け巡《めぐ》った。逆にここ備中・高松で「もたもた」しておれば、毛利軍と畿内を制圧した光秀軍に挟撃《きょうげき》され、あっと言う間に秀吉軍は全滅しよう。そこで秀吉は、どうすべきか……を考えた。

但し、左記の※欄に言うあの加賀の一件で、織田の多くの将は秀吉に反感を持っているだろうから、さような秀吉を助けようと備中までやって来る殊勝《しゅしょう》な将などはいない。

※織田の多くの将、加賀の一件で、秀吉に反感を持つ!?

一五七七年九月、加賀で上杉謙信と織田の総大将・柴田勝家が対決した時、秀吉は、皆の信望を集める勝家に逆《さか》らい戦線離脱、敵前逃亡した。この戦いは「手取川の戦い」と言い、結果、上杉軍が織田軍に圧勝したのである。

このことで織田の多くの将は、秀吉とは、自分さえ良ければ「味方も裏切る輩」「武士の風上にも置けぬ奴」と見下し、だから秀吉からの支援要請があっても、そんな秀吉に「誰が手を貸すものか」、と心に決めていたと推察する（そのような動きとして、『信長公記』には、一五七八年六月一六日、三木・別所との戦いで、織田の諸将は秀吉采配に従わず信長命に従った、とある）。

思案した秀吉は、どの道死ぬのであれば、悲しむ秀吉の養子・信長四男の秀勝の為にも、ここは養父として潔《いさぎよ》く声を大にし、大義「上様の仇討」「弔い合戦！」と、ぶち上げた方がよいと腹を据《す》えた。

ハ、信望少なき秀吉、だが主導権を握る

毛利との領土分割など基本合意を急ぎ取り付けた秀吉は、六月六日、備中・高松を退却した。いわゆる世に言う「中国大返し」を秀吉は演じたのである。そして六月一一日、一万七千余人の軍勢を率いて摂津・尼崎へ辿《たど》り着いた秀吉は、これといった善

後策もなく、また結束も薄らぎ浮き足立っている信孝、丹羽、池田らの陣営に合流した。

しかしここで秀吉は、軍勢の多寡《たか》とか勢いの有無によって、これまでの織田家における「上下関係などが逆転している」ことを覚知した。

一二、山崎の合戦と光秀の最期

1．勢いの差…山崎の合戦

六月一三日、親類・縁者らの援軍もない近江衆らを集めただけの光秀軍一万六千人と、馳せ参じてきた高山右近ら織田の武将らを束ねた秀吉・信孝連合軍三万七千人が、山崎の地・天王山の麓《ふもと》で干戈《かんか》を交えた。しかしながら歴然たる戦力の差に勢いの違いなどから、秀吉・信孝連合軍は、光秀軍に圧勝した次第である（参考『織田軍記』）。

＊『明良洪範』…筒井順慶、光秀の無策を知る――

山崎の合戦前に、順慶は（どちらに付くべきか）旗色を見合わせている中で、老臣・松倉を明智陣に伺わせたところ、（戻ってきた松倉が言うには、）光秀には何の手段も見えず、唯《ただ》うっかりと（ぼうっと）致して居候。私めに、侍二〇〇人足軽二〇〇人付けさせて候はば、光秀をば討ち取り候。さすれば天下が御手に入りましょうぞ、と申しける。順慶は如何に思いしや、（後に）秀吉に加勢された。

＊山崎の合戦での両陣営（参考『新編日本武将列伝４』）――

①光秀軍

・斉藤利三
・阿閉貞征、明智茂朝、柴田勝定
・津田信春、村上清国
・伊勢貞興、藤田行政、御牧兼顕、諏訪盛直
・並川易家、松田政近
・明智光秀

②秀吉・信孝連合軍

・高山重友（右近）
・中川清秀

・堀秀政
・池田恒興
・加藤光泰、木村隼人、中村一氏
・神子田正治、蜂屋頼隆
・黒田孝高（官兵衛、出家後は如水）
・羽柴秀長
・羽柴秀吉
・丹羽長秀
・織田信孝

2. 光秀の最期

山崎の合戦に敗れた光秀は、翌一四日、坂本への帰城途中、一揆（落武者狩りの農兵？）に首を討ち取られたのである。だがその後、秀吉によって首も縫い付けられた光秀の遺体は、粟田口の日岡峠で磔《はりつけ》に処されたという（参考『織田軍記』）。

尚、謀反を起した光秀が天下を取ったものの、それがあまりにも短期間であったが故に、世人は「光秀の三日天下」と揶揄《やゆ》もした。

＊『武功夜話』…謀反を起した光秀の末路――

御主殺し明智日向（光秀）、天下の事一〇日を待たず滅び候。因果応報、また哀れなる末路に候なり。

一三、その他

ここでは、「本能寺の変」後に関わる事項などを補記しておきたい。

1．他の織田の武将らの動向

①柴田勝家は、越中・魚津で上杉景勝と戦っていた時、信長が討たれたことを聞いた。勝家は、急ぎ上洛しようとしたものの、景勝に後ろを追い掛けられて戦いが長引き、よって近

江へ辿り着いたのが、六月一八日であった。
勝家は、結局、信長の仇討に間に合わなかったのである。

②上野《こうずけ》に布陣して関東を治める滝川一益は、六月一九日、信長の死を知った北条氏政に攻められて敗北、そして七月初め、尾張・長島へ逃げ帰ってきた。

③堺から逃げ延びた徳川家康は、穴山梅雪亡き旧武田領（甲斐と信濃）での不穏な動きを事前に制した後、光秀を退治しようと、六月一四日、軍を率いて尾張・鳴海に着陣した。
しかし五日後の一九日、秀吉より「光秀、既に退治した」との報せを受けたことから、二一日、家康は已むなく三河へ帰ったという。

2. 安土城の炎上など

イ. 安土城の炎上（六月一一日〜一五日の間）

安土城が炎上した日付やその真因などは定かでないが、

・安土城を占領していた光秀軍を信長の二男・信雄が、攻撃した時
・安土城を占領していた光秀の娘婿・秀満が、坂本へ退去した時
・金品財宝略奪目的で押し入った盗賊（土豪《どごう》や百姓ら）が、安土城を引き払った時

に火が放たれたという説、さらには、城下の火災で延焼したという説もある。だが、その真偽のほどは判らない。

ロ．安土城の修復と廃城

炎上した安土城の規模や範囲などの記録はない。しかしながらその四ヶ月後の一〇月、安土城の焼け跡に仮御所が造営され、しかもその一二月、織田の当主となった三法師《さんぼうし》（信忠の嫡男、後の織田秀信）が、秀吉の命によってそこに移り住んだという（参考『織田軍記』）。但し、仮御所の位置などについても、その記録はない。

尚、一五八四年一二月五日、秀吉は、信長のシンボルでもあったこの安土城を廃城にした。

3. 主な公家の動向

イ. 近衛前久

・光秀の敗死を聞く前久は、剃髪し出家するとともに、六月一七日、嵯峨へ出奔して身を隠した（参照「一章二、7. の※欄」「一章三、10.」）。

・しかし、信孝や秀吉らの「本能寺の変」の戦犯調べに嫌気がさした前久は、その上、身に危険も迫ったからか、五ヶ月後の一一月、浜松にいる徳川家康に我が身の保護を求めた（参照「一章三、12.」）。

ロ. 吉田兼見

・兼見は、「本能寺の変」が起ってから光秀への勅使となり、さらに光秀の凱旋上洛を歓迎するなど、誰の目にも判るよう光秀と親しく接触した（参照「一章三、1. ②」「一章三、4.」）。

・しかし、光秀の敗死後、光秀の銀子献納疑惑があり、兼見はそうした疚《やま》しい光秀との親交を打ち消そうと、誠仁親王、秀吉、信孝に対し「非のない事情」などを急ぎ説明した（参照「一章三、9.」）。

4．信長の墓など

因みに信長の墓や廟所は数多くあるという。『考証　織田信長事典』に記すその主な寺社名・所在地とは次の通り。

①阿弥陀寺…京都市上京区
②大徳寺総見院…京都市北区
③大雲院…京都市東山区
④本能寺…京都市中央区
⑤妙心寺玉鳳院…京都市右京区
⑥今宮神社…京都市北区
⑦建仁寺本坊…京都市東山区
⑧建勲神社…京都市北区
⑨聖隣寺…京都府亀岡市
⑩南宋寺…大阪府堺市
⑪高野山金剛峯寺…和歌山県高野町
⑫泰巌寺…熊本県八代市
⑬西光寺…滋賀県近江八幡市
⑭安土城廟所…滋賀県安土町

⑮瑞龍寺…富山県高岡市　⑯織田劔神社…福井県織田町
⑰本門寺…静岡県芝川町　⑱長興寺…愛知県豊田市
⑲総見寺…名古屋市中区　⑳崇福寺…岐阜市長良町

◇◇◇◇◇

以上、「はじめに」に掲げた疑念イ.～ニ.の項目や、不確かさなどがあるかも知れない種々史実の注目点を意識しつつ（いわゆる点と点を結びながら）、それらを総じて推論し、かつ自説を交えたものが、本章に言う「本能寺の変」の〝あらまし〟である。

七章　首謀者は近衛前久

さて、それでは密議した中で謀略ストーリーを考え、その術策をもって光秀を操っていった公家の首謀者とは、一体、誰だったのかを考察してみたい。

1. 首謀者の特定

その疑わしき人物とは、前述もしたが（参照「一章」「六章一三、3.」）、不自然で不可解な動きを呈した次の二名と考え、その二名の動きを箇条書きしよう。

①近衛前久の動き

イ．五月末日、突如、公家の最高官職である太政大臣を密かに辞任した。
ロ．六月二日、光秀は信忠が籠城する二条新御所を攻めた時、何故だか隣の近衛前久邸の門が開いていたから、光秀軍兵がその塀や屋根に上って攻撃したという。
ハ．六月七日、光秀の謁見を奏上する為であったのか、宮中へ御樽を献納した。
ニ．光秀の敗死後（？）、剃髪し出家して隠居するとともに、六月一七日、勧修寺晴豊ら公家も驚く嵯峨へ出奔した。

※前久、仏門への帰依と出奔した怪——

前久は、勅使として、大坂石山本願寺に対し大坂から退去するよう何度も説得し、薩摩に赴いては島津と大友の和睦を図り、また武田征伐には信長に同道するなど（参照「五章一、（二）2．ハ．の＊『兼見卿記』欄」）、信長の天下統一という覇業達成に協力していた。

それ故に、信長の死に接すれば、前久は悲しみ信長を悼《いた》むのが自然である。そして光秀の敗死を聞けば、前久は信長の仇討ができたと喜び安堵《あんど》し、京都へ凱旋してくる信長遺業の後継者・信孝や秀吉を早速に迎え慰労《いろう》するのが当然であろう。

しかしながら前久は、信孝ら時の覇者を歓迎することなく、何ゆえに右記ニ．の如く出家し、かつ嵯峨へ出奔して身を隠さねばならなかったのか？

そうするとこの前久の不可解な動向とは、例えば、条理に合わない不謹慎な自身の言動など（つまり、謀略ストーリー策定の首謀者としての存在）が、公家の一部（信長と懇意?）から漏れて信孝らに露見することを恐れ、さらには左記ホ．に言う信孝の動きも察し、よって保身の為に、前久は慌てて出家するとともに、一人野《や》に下ったのではなかろうか……。

ホ．六月二〇日、「信孝が近衛前久を成敗せん」との噂が広まったという。

へ．その五ヶ月後、身に危険が迫ったのか、浜松在城の徳川家康に身の保護を求めた。

②吉田兼見の動き

イ．事変後、勅使となって安土に赴き安土城で光秀と接見、その光秀の返礼を勅答として天皇（あるいは誠仁親王）に奏上した。

※**『兼見卿記』の怪**――

右記イ．の動きについては、兼見が自著『兼見卿記』に記しているものの、光秀と安土城で接見して交わした話の内容や御所で奏上した勅答内容などは、何故か、一言もその書に記されていないのである。

この理由を察するに、光秀と接見した時、もしかして、筆舌《ひつぜつ》に尽くし難《がた》いやり取り（例えば、前記「六章四、5．①」にもあるように謀られたと思う光秀が、憤怒《ふんぬ》に駆られて兼見や京都にいる前久を罵《のの》り問い詰めていった？）があったものの、兼見としては緘口令も敷かれている謀略ストーリーの内容の一部でさえ明かすことも、また罵る光秀の詰問内容すらも書に記すことができなかったのではなかろうか……（参照「五章四、4．」）。

ロ．光秀が安土から凱旋帰洛した時、光秀や紹巴を自邸に招いては、あたかも光秀の戦勝祝賀会を催すが如くに振る舞った。

ハ．光秀の敗死後、秀吉や信孝らに、急ぎ（保身の為に？）光秀との「非のない関係」などを説明した。

この二人には、（右記①のへ．を除いて）半月ぐらいの間に目まぐるしいほどの動きがあったことは事実である。しかし二人の力量や存在感などを鑑みるに、公家の筆頭で公家衆の信望を集める秀逸な近衛前久には、公家衆を纏めていく能力、実力があるとしても、吉田兼見には公家全体を纏めていくほどの影響力（地位）などなかった、と思慮する。

したがって、これまでのことを総じて見ると、公家衆の悩みや不安などを解決し解消する為に、「公武合体した王政政権」を樹立して磐石《ばんじゃく》な公家体制を築かんと、その中心人物となって勇往邁進していたのが近衛前久であろう。

そうであるならば、天下統一前に右大臣を辞《や》めて官職制度を軽視するなど公家不用も匂わすような（?）信長は、公家にとって一番邪魔な存在である。すると、信長を始末せんとする首謀者としての急先鋒に挙げられるのが、この前久ではなかろうか。

だから事を起すにあたって、けだし宮中や公家衆に迷惑を掛けないよう、前久は、前もって太政大臣を辞任したと感知する。

さらに光秀の敗死後、前久は即座に剃髪、出家し、その上、嵯峨へ身を隠すなど野に下ったことを訝《いぶか》れば、不可解で不謹慎な言動があったと主張する自説（「本章1．①ニ．の※欄」）も、よけいにその認識を強め、よって「首謀者は近衛前久だ」、と本書は確言するに至った次第である。

尚、事の成行きなどから、前久だけでは武力や機動力といった練達者らの手足もないことを勘案すれば、忍者のような働きをする吉田神社の神人多数を擁した兼見が、前久を補佐し、前久の集成・体系化した精妙かつ大胆な謀略ストーリーの実行に深く関わっていった、と承知する。

2. 他の人物の関与!?

ところで「本能寺の変」直後、見方によっては前久らに関与したのではないか、と疑われている人物がいる。それは細川藤孝と誠仁《まさひと》親王である。

①細川藤孝について

藤孝は、姻戚・明智光秀の与力として特別な関係にあった。しかし事変直後、藤孝は光秀と連携することなく、一方的に剃髪するとともに秀吉側へ事変を報せる密書を送った。この確かな筋（藤孝）の情報に基づき備中・高松から姫路へ戻った秀吉は、六月八日、藤孝へ現況を報せる返書を認《したた》めたのである。

こうした関係もあって、藤孝は織田家の後継者に三法師を擁立する案を秀吉へ示唆するなど、事変後の政局に大きな影響を与えたといわれている。

また七月六日、連歌師・里村紹巴宅で、藤孝は（六月九日、光秀と夕食を共にした人物の）紹巴、吉田兼見と会談しているのである。その内容は、七月二〇日の本能寺焼け跡での

「信長追善百韻連歌会」開催の打ち合わせだったのか？

そもそも足利幕府の重鎮だった藤孝は、前久ら公家衆との付き合いも事変前は間断なく当たり前であったろう。故に、右記に言う事変を知っていたかのような藤孝の動きを勘案すると、藤孝は前久ら公家と当然に通じていたと思われる。

だが不安が先立つ公家の一部が暴走したと予見する藤孝は、けだし天下の平穏とか政権の安定化などを熟考の上、早速にそうした公家との関係を否定するが如く織田家への弔意を表すよう剃髪し、尚かつ姻戚にも拘らず悪逆・光秀を見限って織田家を奉る忠臣・秀吉へ左袒《さたん》していった、と観察するものである。

②誠仁親王について

誠仁親王は、信長を殺めた光秀に対し、内容は不明であるが勅使・吉田兼見を安土へ遣わされた。このことで親王が光秀（あるいは公家）の謀略に深く関わっていたのではないか……、と疑われている向きもある。

しかしながら親王は、信長から礼を尽くされており（参考『ドキュメンタリー織田信長』…親王は、信長から元服費用や二条新御所などが献上されている）、よって信長を討たねばならないような怨念や不安などは親王に無いはずである。

それより親王は天皇と同じく天下のことを心配され、これまで、常々「天下の静謐《せいひつ》」「治国平天下」「泰平の世の早期到来」などを二条新御所で祈られておられたのではないか（参考『五章一、(二) 2. ハ. の＊『兼見卿記』欄』）。

そうであれば親王は、光秀によって掻き乱された京都の「平安と秩序」を一刻も早く回復するよう下達する為に、急ぎ勅使を光秀へ遣わされた、と考える。

然るに天皇と誠仁親王は、六月一三日、信長の遺志を継ぐ織田信孝と秀吉が織田軍を率いて光秀を打ち倒したことを耳にされると、翌一四日、早速二人の勅使を遣わし、信孝と秀吉にそれぞれ太刀を下賜された由である（参考『晴豊記』）。

それ故に、親王が光秀とか公家の謀略に関わっていたのではないか、などといった疑いは打ち消されるべき、と判ずるものである。

◇◇◇◇◇

以上、本書は、ここまで多くの玉石混交の史料群を対比しては検証した。そうした中で、部分的に関連する文章や事象、さらには時代背景などを結び付けながら、常識的な推理、推論を重ね、そして本論の如くの筋道を立ててきた。

その結果、導かれてきたのが、本章にいう、首謀者は「近衛前久」であり、その前久が中心となって企図した綿密な「謀略ストーリー」を織り交ぜた現実的な〝あらまし〟が、前章にも記す真相「本能寺の変」なのであった、と提唱するものである。

結び

これまで四〇〇年以上の永きにわたって、「本能寺の変」は、その真相を求め、百家争鳴、侃々諤々《かんかんがくがく》と論議され、それは今尚、尽きることもない。

その原因は、謀反を起した光秀や討ち入った軍兵（当事者）あるいは身近にいた公家らの記録などが、本城惣右衛門の覚書を除けば皆無だったからである。

したがって、史書『信長公記』を始めとした通説や俗説、憶説、異説、珍説などが、次々世に打ち出されてきても、事実、真実なるものが判らないから、それらを肯定したり否定する術《すべ》もなかった、と考える。

しかしながら、何時までもこうした実りのない不毛な状況は放置できない、と筆者も一念発起し、真相を究め「信長伝記」を纏め上げてみたいと思い、本書を手掛けた次第である。

手掛けるにあたって、「光秀単独謀反」と決め込む史書や、それと合わせ「黒幕論争」にも口角沫《あわ》を飛ばすが如くに終始する昨今の諸説などと同じ轍《てつ》を踏むことのないよう、その内容は、憶測や邪推、さらには「こじ付け」などを排した矛盾のない理路整然とした論理でなければならない、と肝《きも》に銘じた。

（一）「本能寺の変」の真相究明について

そこで本書は、光秀が「信長を討ち取り天下を乗っ取る」としたら、どういう企てや策略（計略）を立案するのだろうか、といった常識的な所から検討を開始した。その上で、実際の光秀の行動と重ね合わせては対比した。

すると光秀が本能寺へ討ち入ったものの、光秀には「策もなく無計画であった」ことに気付いたのである。そうであるならば、それは、光秀が自分の意志あるいは誰かに示唆されて「本能寺の変」を画策したという謀反ではなく、誰かに騙《だま》され操られるなど不如意な状態で見境なく本能寺へ進攻し、果ては間違って信長を殺《あや》めた失態だったのでは（即ち、光秀が言う「不慮の儀」）……、と予覚した。

1. 光秀らの動き

然らば、光秀や光秀軍の動向に辻褄《つじつま》の合わない不自然な箇所、場面が多分にあるのではないかと疑い、次なる疑点を推理した。

①先ず、光秀は亀山城を出陣して後、西進中に、何故《なぜ》、軍を引き返して京都へ行ったのか。また、光秀は街道封鎖や妙覚寺同時包囲などといった策を講ずることもなく、何ゆえに本能寺へ攻め入ったのか。

②次に、本能寺で、光秀は本当に「敵は信長！」といった突入命令を発したのか。加えて、光秀の軍兵らが信長の身柄を、どうして確保し得なかったのか。

この右記①、②について、史料での噂「信長の光秀軍閲兵」、時代背景だと予見される「伊賀忍者の本能寺潜伏」といった内容（怪情報）の可能性も捨て切れないとして、そうした論を展開した（尚、本論での検討は、②、①の順である）。

その結果、予覚通り光秀はそれら怪情報に操られて本能寺へ行き、そしてどさくさに紛れた中で不本意ながら信長を殺めてしまった、と論定した。

2. 公家の動き

では、その光秀を巧みに操った「影」なる人物とは誰なのか、を推理した。

①先ず、光秀を操る術策が、あまりにも精妙かつ大胆であったことから、当時、「京都にいない」秀吉や家康らでは信長動向を察し得ず、よって彼らが光秀を唆《そそのか》して操ること自体、不可能ではないかと見た。

片や「京都にいる」近衛前久や吉田兼見の不自然な動きとか、公家体制の不安定な状態、さらには信長動向の把握などを勘考すると、光秀を的確に操ったのは彼ら公家ではないか、と心当てた。

つまり、信長の天下統一で、もしかして「公家社会が消滅する」などという一方的な不安を抱く可能性も否定し切れない公家衆に、その的が限りなく絞られていったのである。

②次に、光秀だけに集中する「信長との確執を煽《あお》った密室内などでの稚拙《ちせつ》的なトラブル話」や、さも真横で見ていたように語る「愛宕山での思い詰めた光秀の描写や連歌」にも何となく不自然さが見受けられ、それにも疑念を抱いた。

つまり、かような内容は話題性に富むものの、早耳である公家（一部、当事者である家康）の史書に何一つ記述されていないことから、それは、ひょっとして「光秀一人が謀反を企てた」と断じられるよう、そういった話などを公家が意図的に捏造《ねつぞう》し流言した、と勘繰ったのである。

3.「本能寺の変」を謀った首謀者ら

こうして推理した右記1．と2．から「本能寺の変」とは、即ち、信長の天下統一が差し迫った段階で、公家の絶望的な不安（公家不用論など）が一気に高じてきたが故に、そうした不安を解消する為に、公家によって引き起されたものであり、その引き金を引いたのが公家の首謀者であった、と立論した。

但し、公家の首謀者を特定するには、これといった史料《しりょう》（当事者の記録など）もないので難儀した。しかし事変の前後に不自然で不可解な動きなどが頻《しき》りと目に付いた近衛前久に、その照準を合わせていったのである。

このような論の流れから、本書は、一連の策略（謀略ストーリー）を策定し、その策通りに光秀を嵌《は》めながら「本能寺の変」を謀《はか》った首謀者が「近衛前久」、その前久を補佐した実行役が機動力を有する「吉田兼見」だった、と見定めた。

4. 歴史認識の再構築

したがって、「はじめに」にも述べた根源的な疑問や疑念などを抱いた「光秀が企てた謀反」とは、実は「光秀意志による謀反ではなく、光秀が前久らに騙され嵌められ操られた結果、『本能寺の変』が引き起されてしまったもの」（＝「不慮の儀」）なのであった。

だがその光秀を操った前久らの術策（教唆《きょうさ》）が、あまりにも人知れずに精妙かつ大胆であったが故に、『信長公記』など歴史を語る史書は、残念なことに当初からその入口論を見誤ってしまった、と心得る。

そしてこの上辺《うわべ》だけの歴史認識に惑わされたのか、一番重要な「本能寺の変」の入口論に疑問すら抱くこともなかったこれまでの歴史研究などは、「光秀が企てた謀反」を前提とした事変の究明ばかりに鎬《しのぎ》を削ってきたと理解する。

しかしながら、その前提となる「光秀が企てた謀反」が真実、事実でないだけに、歴史研究者らの論の結末は、結局、根拠のない意表を突くが如くの空疎な憶説や異説などを次々展開せざるを得なかった、と一存する。

§　§　§　§　§

以上、筆者は、今まで謎に包まれベールに覆われた未開拓な「本能寺の変」の真相を解き明かそうと、誰も手掛けたことのない右記に述べた考えやアプローチ手法をもって、さらには各々の史料内容に時代背景の妥当性などを検証しつつ、本論の如く条理に適《かな》うよう自説、持論を展開した。それらを取り纏めた本書を、憚《はばか》りながら世に問わんと筆者は考えた次第である。

（二）語られていない信長と光秀の直情など

ところでここまでの一連の流れを、よくよく考えて見るに付け、哀れなのは、そうした「影」の動きなどを全く知る由もなかった信長と光秀であろう。

そこで本書は、今でも誤って伝えられ認識されていると思しきこの二人の直情や心根などを考察してみたい。

①信長について

信長は、本能寺で自害する時、天下統一という覇業が達成できなかったことを大いに悔やみ残念がった、と所存する。そう残念がる様相を格別に思わせるのが、終生、口ずさんで愛誦《あいしょう》していたと言われる二つの謡《うた》ではなかろうか。その含蓄《がんちく》ある二つの謡とその意味を、先ずは紹介しておこう。

イ．二つの謡とその意味（引用参考『信長公記』）

・幸若舞「敦盛」――

「人間五〇年、下天《げてん》の内をくらぶれば夢幻《ゆめまぼろし》の如くなり」

意味…人の一生はせいぜい五〇年、それも下天＝六欲天の第五にあたる化楽天《けらくてん》＝においては、一日一夜にしか当らないのである（つまり仏法では、人間界の五〇年と天国・下天界の一日は同じ時間なのだという）。まことに夢幻の如き束の間の一生であることよ。

・小歌――

「死のふは一定《いちじょう》、しのび草には何をしよぞ、一定かたりをこすよの」

意味…死は必ず誰にも訪れるもの。生前を偲《しの》んでくれる便りとして、生のある間に自分は何をしておこうか。後世の人は、それを縁《よすが》として、きっとその思い出（自分の成し遂げた偉業や治績など）を語ってくれるであろうよ。

ロ．生を受けた人間の使命感

右記に言う「敦盛」については、信長が口ずさみ謡った謡として今もって有名である（逆に、小歌についてはあまり知られていない）。だが「敦盛」自体は単体で意を為さず、そこで小歌と一対で、しかも「敦盛」を主句の修飾としての前句、小歌を主句と見立てて解釈することが肝要、と考える。その一対の解釈としては次の通り（参考『ドキュメンタリー織田信長』）。

「人間というものは、この世に生を受けても、あっという間に死を迎え、しかもその一生は直ぐに忘れ去られてしまうのである。しかし、そんな束の間の短い僅《わず》かな一生であっても、後の世の人たちに、自分のことを語り起してもらう為には、刻苦勉励、精励恪勤《せいれいかっきん》し何か立派な仕事（偉業や治績など）を一つでも成し遂げておかなければならないのではないか。

つまり、そういう後世の人たちが語り起してくれる偉業などを短期間であっても成し遂げていかねばならないのが、この世に生を受けた生命《いのち》ある人間の務《つと》め「使命」（本懐）なのではないか……」

この二つの謡を一対で解釈したことによって、そこには束の間とはいえ、生を受けた人間の為さねばならない「使命感」といったものが感得されよう。

ハ．信長の使命

右記ロ．から信長は、そこで自分の使命を次のように達観《たっかん》したと弁える。

「後世の人たちに、常々、自分のことを語り起し語り継いでもらうには、自分は、人も為し得ないような偉業を何としても成すことであろう。そのような偉業とは、即ちこの乱れ切った『戦乱、大乱の世』を一刻も早く鎮定《ちんてい》した上で、そして皆々が懇望している『泰平の世』を築くことではないか。それが自分に課せられた使命なのではないか……」

ニ．生きてこその使命達成…「生存の美学」

非凡な信長は、毎々この二つの謡を謡いながら、

「そうした自分に課せられた使命を全《まっと》うするには、この限られ残された束の間の一時（刹那《せつな》）を、何が何でも生き抜き、その上、直面してくるさまざまな困難・危難に打ち勝っていかねばならないのである。

それ故に、自分はその使命達成までに、いい加減な身の程を知らない生き方などをして、無駄死にするような生命《いのち》を粗末にした生き方などは、絶対にやってはならない……」

と自らを戒《いまし》める一方、「今を必死に生きねば！」と律し感奮した。そして信長は、天下を統一し「麒麟」も天から舞い降りてくると信じている「泰平の世」を築くという崇高な使命達成（いわゆる「布武天下」思想の完遂）を心に刻みつつ、意気天を衝《つ》くが如く、時を惜しんでは粉骨砕身、東奔西走し勇往邁進して行った。

ホ．痛恨の至り

だが……この本能寺で、迂闊《うかつ》にも一番怖れていた「無駄死にすることで使命達成が

頓挫《とんざ》してしまう」という事態が勃発《ぼっぱつ》したのだ。信長は、燃え上がる紅蓮《ぐれん》の炎の中で、已むなく「是非に及ばず」と呻吟《しんぎん》しながら、けだし無念の涙を流したに違いない……。

②光秀について

光秀は京都在住も長く、天皇、公家、五山僧侶らとの付き合いも深かった、と考える。そこで聡明な光秀としては、公武がいがみ合うことなく協力し合って天皇を支えていくといった、公武合体の「王政政権」の実現を指向し、それが実現した暁には、皆々が懇願している「泰平の世」なる社会が正に到来する、と信じていたのではなかったか。

そう信じていたからこそ、光秀が丹波で善政を施し多くの領民から敬慕されていたことは、今日でも語り継がれているという。

しかしながら光秀は、最期に「身分や地位など公家体制の保全と安泰」を画す公家の首謀者・近衛前久らに嵌められ操られて、信長を殺めてしまった。

それが故に光秀は、不本意ながらも「本能寺の変」を引き起した歴史上の主人公に祭り上げられ、しかも嘆《なげ》かわしくも尽き果てた、誠に不運、悲運を託《かこ》つ人物に相なった、と言い当てられようか……。

◇　◇　◇　◇　◇

この「本能寺の変」を謀った首謀者として近衛前久を読み解いていくにあたって、筆者は、想像逞しく多くの推理、推論を重ね、かつ持論や自説を展開した。その為、その論の組み立てなどが便益的だ、と言われても致し方ない。だがこれを機に、「本能寺の変」の入口論など、光秀が言う「不慮の儀」や前久の出奔も含めた玉石混交の史料群を加味しつつ、改めて議論を尽くすことが喫緊《きっきん》の課題だ、と考える。

ついては、これまでの偏《かたよ》った憶測、固定観念、先入観などに囚《とら》われない正真な歴史認識（「本能寺の変」とか「信長伝記」）を、早急に確立していかねばならない、と筆者はその思いを新たにしているところである。

濵田昭生

参考図書

『信長公記　上・下』太田牛一原著・榊山潤訳（ニュートンプレス）
『フロイス日本史』ルイス・フロイス原著・松田毅一訳（中央公論社）
『検証　本能寺の変』谷口克広（吉川弘文館）
『理科年表』国立天文台編（丸善）
『本能寺と信長』藤井学（思文閣出版）
『東方佛教叢書　政秀寺古記』鷲尾順敬編（東方書院）
『小田原北条記　上・下』江西逸志子原著、岸正尚訳（教育社）
『明良洪範』真田増誉（国書刊行会）
『増訂　織田信長文書の研究』奥野高廣（吉川弘文館）
『国史大系　公卿補任』黒板勝美ほか編（吉川弘文館）

『京都と京街道』水本邦彦編（吉川弘文館）
『続史料大成　晴豊記』（臨川書店）…口語訳は『信長権力と朝廷』立花京子（岩田書院）に収録
『大日本古記録　言経卿記』東京大学史料編纂所編（岩波書店）
『続真宗大系　第一六巻』真宗典籍刊行会（国書刊行会）
『当代記』（続群書類従完成会）
『大日本史料　正親町天皇　第十編1～24』東京大学史料編纂所編（東京大学出版会）
『通俗日本全史　織田軍記』早稲田大学編輯部（早稲田大学出版部）
『史料纂集　兼見卿記』吉田兼見（続群書類従完成会）
『綿考輯録』細川護貞監修（汲古書院）
『流浪の戦国貴族　近衛前久』谷口研語（中央公論社）
『中国の思想　孫子・呉子』村山孚（徳間書店）
『孫子に学ぶ　21世紀型組織経営論』濱田昭生（碧天社）
『武功夜話　第一・補』吉田蒼生雄訳注（新人物往来社）
『真説　本能寺の変』安部龍太郎他（集英社）
『伊賀甲賀　忍びのすべて』別冊歴史読本25（新人物往来社）
『明智軍記』二木謙一監修（新人物往来社）

『絵本太閤記』塚本哲三編（有朋堂書店）
『川角太閤記』志村有弘（勉誠社）
『ドキュメンタリー織田信長』濵田昭生（東洋出版）
『上杉家御年譜』（米沢温故会）
『名宝日本の美術　25』奥平俊六（小学館）
『明智光秀』高柳光壽（吉川弘文館）
『言継卿記』山科言継（続群書類従完成会）
『常山紀談』湯浅常山、森銑三校訂（岩波書店）
『戦国逸話事典』逸話研究会（新人物往来社）
『多聞院日記』英俊（角川書店）
『池田家履歴略記』（日本文教出版）
『総見院殿追善記』（続群書類従完成会）
『洛中洛外図大観（上杉家本）』石田尚豊ほか監修（小学館）
『本能寺の変　捜査報告』小林久三（ＰＨＰ研究所）
『新編日本武将列伝４』桑田忠親（秋田書店）
『日本陰陽暦日対照表　下巻』加唐興三郎（ニットー）

『細川幽斎・忠興のすべて』米田正義（新人物往来社）
『考証　織田信長事典』西ヶ谷泰弘（図書印刷）
『証言　本能寺の変——史料で読む戦国史』藤田達生（八木書店）
『新潮日本古典集成　連歌集』校注・島津忠夫（新潮社）
『日本文化史17　義堂周信』辻善之助（春秋社）

濵田昭生

1945年、兵庫県生まれ。津名高校、神戸商科大学（現・兵庫県立大学）卒業。
1968年、神戸銀行（現・三井住友銀行）入行。事務部門、業務企画部門、全国銀行協会などを担当。支店長、関西事務センター長などを歴任。
1998年、さくら銀行（現・三井住友銀行）退職。企業役員、銀行傍系会社社長などを歴任。

〈著　書〉
『孫子に学ぶ　21世紀型　組織経営論』（碧天社、2003年）
『織田信長　民姓国家　実現への道』（東洋出版、2006年）
『桶狭間の戦い――景虎の画策と信長の策略――』（東洋出版、2007年）
『信長、謙信、信玄の力量と、天皇が支持した信長の「布武天下」』
（「第八回歴史浪漫文学賞」優秀賞受賞作品、郁朋社、2008年）
『ドキュメンタリー織田信長』（東洋出版、2010年）
『宮本武蔵は、名君小笠原忠真の「隠密」だった』（東洋出版、2012年）

近衛前久《このえさきひさ》が謀《はか》った　真相《しんそう》「本能寺《ほんのうじ》の変《へん》」

著者　濵田昭生《はまだあきお》

発行日　2013年10月31日　第1刷発行

発行者　田辺修三
発行所　東洋出版株式会社
〒112-0014　東京都文京区関口1-23-6
電話　03-5261-1004（代）
振替　00110-2-175030
http://www.toyo-shuppan.com/

印刷　日本ハイコム株式会社
製本　ダンクセキ株式会社

ISBN 978-4-8096-7705-2
定価はカバーに表示してあります

ISO14001 取得工場で印刷しました